조세심리학

TAX PSYCHOLOGY

강민조

박영사

프롤로그

필자는 연세대학교 일반대학원 재학 당시 신동욱 해외유학장학생으로 선정되어 비엔나 대학의 심리학자들과 교류하는 특권을 누렸다. 그리고 동덕여자대학교 세무회계학과의 교육과정을 개편하면서 국내 대학 최초로 조세심리학 전공수업을 개설하였다. 신동욱 선생님과 동덕 세무의 학우들이 없었다면 이 책은 세상에 나올 수 없었을 것이다. 이 책이 전달하려 한 핵심 메시지를 담고 있는 설교문 인용을 흔쾌히 허락해 주신 이재철 목사님께도 깊은 감사를 드린다. 세금에 대한 오해와 조세제도에 관한 편견으로 인해 발생하는 불필요한 고통과 사회적 손실을 줄여나가는 데 이 책이 작은 보탬이 되기를 희망한다.

차례

4. 합리적 선택 이론

5. 행동적 의사결정론

6. 심리회계

7. 조세에 대한 태도

8. 납세의식

9. 조세제도의 공정성

10. 납세순응의 동역학

11. 세무전문가의 조세행동

12. 납세자 친화적 세무행정

13. 로고테라피

조세심리학

TAX PSYCHOLOGY

1. 조세심리학의 개관

인간의 삶에서 피할 수 없는 가장 확실한 것은 두 가지밖에 없다.
그것은 바로 죽음과 세금이다.

– 벤자민 프랭클린

조세심리학의 의의

조세심리학은 조세제도와 인간행동의 관계를 다룬다. 조세제도에 대한 인간의 행동반응(조세행동)을 바탕으로 조세와 관련된 사회적 현상(조세현상)에 내포된 심리적 함의를 발견하는 것이 주된 목표이다. 본서는 "우리는 왜 세금을 내는가?"라는 질문을 중심에 놓고 조세에 대한 사람들의 생각과 감정이 달라지는 이유를 탐구한다. 나아가 조세에 관하여 의사결정이 필요한 상황(조세상황)에서의 판단과 선택을 이끄는 심리적 동인, 조세에 대한 정서와 태도가 형성되는 인지적·사회적 과정에 대해서도 논의한다.

조세와 심리는 의외로 밀접한 연관성을 가진다. 세금을 둘러싼 갈등의 이면에는 주관적 감정이 앞서는 경우가 많다. 조세에 대한 오해와 편견은 불필요한 마찰과 갈등을 일으킨다. 행정서비스에 불만을 가진 민원인들은 공무원에게 '내가 낸 세금으로 네 월급을 준다'며 고함을 지른다.[1)] 정치인과 언론은 '부자감세', '세금폭탄'과 같은 자극적인 용어로 조세정책에 대한 시민의 적개심을 유발한다. '혈세를 낭비한다', '서민의 주머니를 턴다'며 정부에 대한 불신을 부추긴다.

---

1) 이러한 주장은 유기적으로 서로 의지하고 살아가는 사회에서는 타당하게 성립되기 어렵다. 국가와 공무원이 없으면 직원들에게 월급 줄 회사 자체가 존재하기 어렵다는 주장만큼이나 공허한 순환논리에 빠지기 때문이다.

이래서 언론은 '세금폭탄' 용어를 발명했다[2]

우리나라는 아직도 조세정의(租稅正義)가 법률에 명시적으로 규정되어 있지 않다. 조세정의와 관련한 개념 규정이 부재한 상황에서 조세정의는 언론사들이 단순히 '주장'함으로써 실현될 수 있다는 것이다. 납세자들의 세금 정책과 세금 납부에 대한 저항의 정도는 납세의식에 의해 좌우된다. 납세의무에 대한 순응 동기와 의사는 심리적 요인이며 조세 정의가 사회적으로 실현되고 있다는 믿음은 그러한 심리에 직접적인 영향을 주는 것으로 알려진다.

언론은 그러한 믿음의 종류와 정도를 좌우하는 담론 권력의 헤게모니를 가지고 있다. 놀랍지 않겠지만 이 사실을 우리 언론은 정확히 꿰뚫고 있다. 수구보수 언론이 '현 정부의 부동산 정책은 헌법이 보장한 사유재산권을 유린하고 있다'고 주장하며, 시장자유주의 경제지는 '그러한 정권에 저항해야 한다'고 부추기고, 지역의 보수 언론은 '그러한 정부를 증오한다'는 프레임으로 보도하는 이유가 거기에 있다.

언론은 결코 사회를 반영하지 않는다. 언론이 사회를 만든다. 이를 위해 언론은 주관적 욕망을 객관적 현실로 재생산하는 장치들을 개발해 오고 활용하고 있다. 언론은 모든 사회를 위한 것이 아니라 그들이 고려하는 차별화된 집단과 개인들을 위한 주장을 "일리" 있으며 "의미" 있게 보도하는 "정당화"를 어떻게 할 것인지를 항상 고민한다.

2) 오마이뉴스 2020.09.09. https://www.ohmynews.com/NWS_Web/View/at_pg.aspx?CNTN_CD=A0002673879

조세제도가 행동에 미치는 효과를 간과하는 경우 의도하지 않은 사회경제적 손실이 발생한다. 1688년 영국의 왕 윌리엄 3세는 반란 진압에 필요한 재원을 마련하고자 호화주택의 보유자에게 세금을 부과하겠다는 아이디어를 냈다. 호화주택의 과세표준은 벽난로의 수량으로 측정하였다. 그런데 벽난로의 수량을 파악하기 위해서는 세무조사관이 주택에 출입해야 했고, 이 과정에서 납세자와 물리적 충돌이 발생하는 문제가 생겼다. 마침내 1696년 영국은 호화주택의 담세력을 효과적으로 측정하면서 세정의 효율성을 높이는 방편으로서 창문세(Window Tax)를 도입하였다. 그런데 창문세가 도입되자 사람들은 창문을 없애고 창문이 있어야 할 자리를 벽돌로 막아버렸다. 창문이 줄어든 집은 실내 환기와 채광이 제대로 되지 않아 건강 문제를 악화시켰다. 창문세는 사람들로부터 빛과 공기를 빼앗는 세금이라는 악명을 남기고 역사 속으로 사라졌다.

FIGURE 1 창문세와 조세행동

조세문화(tax culture)란 세금에 대한 인식, 납세에 대한 태도, 조세시스템이 운영되는 방식 등을 아우르는 개념으로서 조세제도를 이루는 주체들(조세주체)의 관계를 넘어서 국가와 시민 간의 일반적인 신뢰 수준을 반영한다. 실정법과 법감정의 괴리가 커질수록 조세제도에 대한 납세자의 불만도 커진다.[3] 납세자의 권리와 의무, 세무당국의 권한과 책임에 대한 오해가 쌓이면 불신과 반목의 문화가 고착된다. 요컨대 조세행동의 올바른 이해는 조세주체 간의 불필요한 마찰과 갈등을 줄이고 상호협력과 존중의 조세문화를 형성하는 데 이바지할 수 있다.

---

3) 실정법(positive law)은 실제로 현존하고 있는 법을, 법감정(legal sentiment)은 사람들이 각자의 상식에 비추어 존재할 것으로 기대하는 법을 말한다.

조세심리학의 위상

세무학은 자원의 조달과 분배를 연구하는 경제학, 권리와 의무를 연구하는 법학, 그리고 성과의 측정과 보고시스템을 연구하는 회계학이 교차하는 지점에서 탄생하고 발전해 온 융합학문이다. 경제학(재정학)의 시각에서 정부는 누구에게 얼마의 세금을 걷을지, 어떠한 목적을 달성하기 위하여 어디에 세금을 사용할지를 결정한다. 법학(조세법)의 관점에서 국가와 시민은 법률에 따라 조세에 관한 권리의무관계를 맺는다. 회계학(세무회계)의 측면에서 세금신고란 세금을 부담할 수 있는 능력(담세력)에 대한 정보를 전달하는 일이며, 조세실무는 담세력을 측정하여 보고하는 정보시스템을 운영하는 활동이다.

조세심리학은 분과학문의 경계를 넘나드는 학제적인 접근을 지향하되 심리학의 통찰에 기초한 근본적인 설명을 추구한다. 피터 드러커(Peter Drucker)는 "사회과학의 출발점은 심리학이며, 모든 근본적인 설명은 심리적 관점에서 이루어져야 한다"고 주장하였다. 인간행동을 탐구하면서 인간 본성에 대한 심리적 가정을 배제하는 건 불가능하다. 인간행동에 대한 가설은 필연적으로 인간성에 대한 명시적·묵시적 가정을 수반한다.

세상에는 세금을 바라보는 다양한 시각이 존재한다. '세금은 누구나 내기 싫어한다. 다들 어쩔 수 없이 세금을 낸다', '발각될 가능성이 없는 탈세의 기회가 주어진다면 누구라도 언제든지 탈세를 감행할 것이다'와 같은 통념은 하나의 세금관에 불과하다. 그러나 인식의 폐쇄회로에 갇힌 사람들은 자신의 편견이 곧 상식이라는 믿음을 고수한다. 자신들의 우울한 도그마를 과학으로 포장하여 지식으로 유통한다.

조세제도와 인간행동에 관한 논의는 인간과 세상을 바라보는 관점과 연결된다. 이는 조세심리학의 위상과 본서의 정체성을 어떻게 설정할 것인가라는 문제로 이어진다. 행동세무학(behavioral tax research)은 행동과학(행동주의 심리학)에 터잡아 조세제도가 인간행동에 미치는 영향을 설명한다. 심리학의 범주를 행동주의로 한정하는 경우 조세심리학은 행동세무학의 동의어에 머문다. 그러나 심리학의 경계를 점차 확대하면 인간 심리의 다면성을 아우르는 위대한 지적 성취들과 조우하게 된다.

행동주의 심리학은 실증주의에 입각하여 인간과 동물의 행동을 연구하는 심리학의 한 분과이다. 행동주의는 인간의 정신 상태를 직접 연구하는 것을 배제하고, 외부에서 관찰할 수 있는 행동만을 연구의 대상으로 삼는다. 외부의 조건(환경)이 바뀌면 인간과 동물의 행동이 어떻게 변화하는지를 객관적으로 관찰함으로써 행동의 원리를 추론한다. 따라서 자극과 반응 간의 연관성이 형성되는 조건화 과정(conditioning process)을 설계하는 것이 행동주의 접근의 핵심을 이룬다.

인본주의 심리학은 개인의 자아실현(self-actualization) 및 긍정적 성장(positive growth)에 주목하는 심리학의 한 분과이다. 인간을 욕망의 노예 또는 조건에 반응하는 기계로 바라보는 접근을 거부하고 개인의 주관적 경험과 감정, 자유의지와 자기결정 그리고 책임을 강조한다.

정신의학은 정신질환과 관련된 진단, 치료 및 예방을 다루는 의학의 한 분야이다. 정신질환은 생물학적 요인(유전, 신경전달물질, 호르몬, 면역체계 등), 심리적 요인(트라우마, 성격 특성, 부정적 사고패턴 등), 사회적 요인(가족 문제, 대인관계, 경제적 조건 등)이 복합적으로 작용하여 발생한다. 따라서 정신건강에 관한 문제를 해결하기 위해서는 생물학적·심리적·사회적 요소를 종합적으로 고려해야 한다.

본서는 기본 경제학을 출발점으로 삼아,[4] 행동과학을 넘어 인본주의 심리학과 정신의학에 이르는 광대한 영역에 조세심리학을 자리매김한다. 세금과 관련하여 사람들이 겪고 있는 신경증(노이로제)의 근본적인 원인을 진단한 다음 실천적 처방을 제시하는 것을 종착지로 삼는다.

4) 기본 경제학은 인간의 본성과 행동의 동기에 대한 가정이 지극히 단순하다. 조세심리학의 관점에서 조망할 때 조세행동의 경제학적 분석은 편협하고 특수한 심리학의 한 부류라고 평가할 수 있다.

조세의 의의

자연상태에서는 약육강식의 법칙이 지배하는 혼란과 무질서, 파괴와 약탈의 위협이 상존한다. 인류는 생존과 번영을 위하여 무리 지어 사는 전략을 택하였다. 현대인은 국민국가 단위로 사회생활을 영위하고 있다. 국가는 유·무형의 인프라를 구축하여 국민의 안전을 보장하고, 공공복리의 증진을 도모한다. 나아가 시민들의 생활 관계를 규율하고 상호 협력을 이끄는 다양한 제도를 설계하고 운영한다. 인간다운 삶을 살기 위해서는 반드시 훌륭한 국가를 세워야 한다.

자본주의와 시장경제의 확산으로 시민의 생활과 세금은 밀착되었다. 시민의 일상은 조세제도를 매개로 하여 국가와 긴밀하게 연결되고, 국가공동체의 구성원들은 조세를 매개로 하여 광범위한 협력관계를 맺는다. 국가를 유기체에 비유한다면 조세는 혈액의 기능을 수행한다. 조세시스템은 문명사회의 산물이며, 문명사회의 시민은 세금이라는 숙명을 피할 수 없다. 미합중국 건국의 아버지라 불리는 벤자민 프랭클린(Benjamin Franklin)은 '문명사회의 시민은 세금을 낸다'는 사실이 '사람은 언젠가 죽는다'는 것만큼이나 확실한 명제라고 믿었다.

국가 재정의 대부분을 조세수입에 의존하는 현대국가를 조세국가라고 한다. 그런데 우리나라 세법은 조세가 무엇인지를 명시적으로 규정하고 있지 않다. 다만, 헌법재판소가 판시한 조세의 개념이 일반적으로 널리 수용되고 있다.[5] 이에 따르면 조세란 "국가 또는 지방자치단체가 재정수요를 충족시키거나 경제적·사회적 특수정책의 실현을 위하여 국민 또는 주민에 대하여 아무런 특별한 반대급부 없이 강제적으로 부과징수하는 과징금"이다.[6]

실질적 의미의 조세는 정부가 강제력을 동원하여 민간으로부터 조달하는 인적·물적 자원을 모두 포괄한다. 예컨대 건강보험은 국가가 의무적으로 가입을 요구하는 사회적 보험이다. 직장 건강보험의 경우 고용주와 근로자가 보험료를 절반씩 부담하며 원천세와 마찬가지로 매월급여에서 공제·차감하여 지급된다. 게다가 건강보험 가입자들의 상당수는 부담하는 보험료에 상응하는 혜택을 누리지 못하며, 보험료가 체납되는 경우 강제징수도 가능하다. 이처럼 세금이라는 이름표를 달고 있지는 않지만 사실상 사람들이 세금처럼 인식하는 각종 공과금이나 부담금을 준조세라고 한다.

대한민국헌법은 국민의 4대 의무로서 교육의 의무,[7] 근로의 의무,[8] 납세의 의무,[9] 국방의 의무[10]를 규정하고 있다. 국민이 국방의 의

5) 헌법재판소는 국회에서 제정한 법률이 헌법에 부합하는지를 심사하여 헌법에 어긋나는 법률을 무효로 판정할 수 있는 권한을 가진다(대한민국헌법 제111조). 조세헌법소송을 통해서 무효가 된 대표적인 입법 사례는 부부자산소득에 대한 합산과세 규정이다. 누진세율 체계하에서 배우자의 자산소득이 주된 소득자의 연간 종합소득에 합산되면 합산하기 전의 경우보다 부부가 부담해야 하는 소득세가 증가하게 된다. 헌법재판소는 부부 자산소득을 단순 합산하여 세금을 매기는 것은 혼인한 부부에게 더 많은 세부담을 지움으로써 헌법이 보장하는 혼인의 자유를 침해한다고 판단하였다(헌법재판소 2002. 8. 29. 선고 2001헌바82 결정).

6) 헌법재판소 1990. 9. 3. 선고 89헌가95 결정

7) 대한민국헌법 제31조 제2항

8) 대한민국헌법 제32조 제2항

9) 대한민국헌법 제38조

10) 대한민국헌법 제39조 제1항

무나 납세의 의무를 제대로 이행하지 않는 경우 국가는 합법적인 강제력을 동원하여 신체의 자유 및 재산권을 박탈한다. 경제적 기회비용(opportunity cost)[11]을 고려한다면 병역의무를 이행하는 것도 납세에 해당한다. 따라서 아주 넓은 의미에서 병역의무 면제는 면세제도이며, 병역을 기피하는 것도 조세회피(tax avoidance)[12]의 일종으로 볼 수 있다.

---

11) 기회비용이란 어떤 선택을 했을 때 포기해야 하는 대안들 가운데 최대의 가치를 의미한다. 병역의무를 이행하는 동안에는 경제활동에 종사할 기회가 상실된다. 따라서 군역을 이행하는 대신 사회생활을 하였다면 벌 수 있었던 최대의 임금을 기회비용으로 감수해야 한다.

12) 통상적으로 사용되는 조세회피라는 용어에는 부정적인 의미가 내포되어 있다. 그러나 본서에서 조세회피는 세금을 피하고자 하는 의도를 가진 행동을 모두 포괄하며, 수단의 적법성이나 사회적 비난 가능성을 고려하지 않는 가치 중립적인 개념으로 사용한다.

조세제도와 인간행동

세금의 역사는 곧 탈세(tax evasion)[13]의 역사라고도 한다. 공공재의 혜택은 각자가 납부한 세금에 비례하지 않으며 세금을 전혀 내지 않는 사람들에게도 그 혜택이 골고루 돌아간다. 공공재의 비배제성[14]은 무임승차의 유혹을 만든다. 탈세의 개인적 이득은 직접적·구체적이지만, 탈세로 인해 사회 전체로 돌아가는 피해는 간접적·추상적이다. 따라서 온갖 수단과 방법을 동원하여 어떻게든 세금을 내지 않으려는 사람들은 어느 시대에나 존재해 왔다.

조세제도는 역사적 산물이며 제도와 인간은 상호 영향을 주고받는다. 조세제도가 인간행동과 조화를 이루면 국력이 극대화된다. 역사적으로 융성했던 나라들은 모두 효율적인 조세제도를 바탕으로 번영을 유지할 수 있었다. 반대로 시대정신에 역행하는 조세제도가 잉태하는 조세저항(tax resistance)은 정권을 무너뜨리는 정치적 변혁의 도화선이 된다. 현대 민주주의의 초석을 다진 영국의 명예혁명, 프랑스 대혁명, 미

---

13) 탈세란 법에서 명시적으로 금지하고 있는 위법한 수단과 방법을 활용하는 조세회피를 말한다. 예컨대 세무당국이 사전에 파악하기 어려운 현금매출을 누락하거나 사업과 관련이 없는 경비를 수입금액에서 공제하여 소득세를 과소하게 신고하는 것이 전형적인 탈세에 해당한다.

14) 공공재의 비배제성이란 누구나 사용할 수 있으며, 특정 개인이나 집단을 사용에서 배제할 수 없는 성질을 의미한다. 국방이나 치안은 한 나라의 시민이면 누구나 보호를 받으며 특정인을 서비스로부터 배제할 수 없다.

국 독립전쟁은 모두 부당한 조세제도에 대한 저항으로부터 시작되었다.

1215년 영국의 의회와 국왕은 대헌장(Magna Carta)을 체결하여 의회의 사전 동의 없이 국왕은 함부로 세금을 부과할 수 없다는 원칙을 세웠다. '대표 없이는 과세 없다'는 대헌장의 정신은 시민혁명으로 이어져 국가권력을 민주적으로 통제하는 법치주의 원칙을 확립하는 시발점이 되었다. 한편, 미국 독립전쟁의 기폭제가 되었던 "보스턴 차 사건"은 자신들이 선출한 대표를 영국 의회에 보내지 못하는 북미의 정착민들이 자신들에게 관세를 부과하려 했던 영국의 조세정책에 대한 저항이었다. 아이러니하게도 영국에서 확립된 '대표 없이는 과세 없다'는 대헌장의 정신이 영국의 식민지였던 미국의 독립에 사상적 토대를 제공하였다.

국가가 붕괴하기 직전에 나타나는 전형적인 패턴은 세금을 면제받는 특권계급이 비대해지면서 조세제도의 구조적인 불평등이 심해지는 것이다. 14세기부터 18세기 무렵까지 프랑스 왕실은 거듭된 전쟁으로 인한 재정난을 극복하기 위해 타이유(taille)라는 세금을 부과했다. 그러나 귀족과 성직자, 관료 등 사회적 특수계급의 반발로 타이유가 면제되는 특권층의 범위는 점차 확대되었다. 힘없고 가난한 농민들만 세금을 부담하게 된 타이유는 농민세라는 별칭이 얻었다. 타이유에 대한 피지배층의 분노는 프랑스 대혁명의 도화선이 되었다.

조세는 재정수입의 확보라는 본래의 목적을 넘어 보상과 억압의 도구로 활용된다. 국가는 특정한 행동을 장려하기 위한 도구로서 조세감면이라는 당근을 사용한다. 조세감면은 보조금을 지급하는 것과 동등한 경제적 효과를 지닌다. 예컨대 기업의 연구개발비 지출에 대하여 일정 비율만큼 세액공제가 적용되면 법인세 부담이 줄어든다. 이는 기업의 연구개발비 지출액의 일정 금액을 정부가 보조해 주는 것과 마찬가지다. 정부가 조세부담을 경감시켜 간접적·우회적으로 지원하는 보조금을 조세지출(tax expenditure)이라고 한다.

반대로 바람직하지 않은 행동을 규제하기 위한 수단으로 국가는 세금이라는 채찍을 휘두른다. 재정수입의 확보가 주된 목적이 아니라 행동을 억제하는 수단으로 활용되는 세금을 교정세(corrective tax)라고 한다. 주세와 담배소비세는 개인 및 사회에 해로운 영향을 미치는 제품이나 행위를 대상으로 부과되는 죄악세(sin tax)의 성격을 지닌다. 이러한 세금들은 특정 활동을 억제하도록 유도함으로써 그러한 행위가 유발하는 사회적 비용을 줄이는 데 주된 목적이 있다. 종합부동산세는 부동산의 소유가 소수에게 집중되는 것을 억제하기 위한 교정세이자, 부동산을 과다하게 보유하는 집단을 표적으로 삼는 부유세(wealth tax)의 성격을 지닌다.[15]

명의신탁[16]의 증여의제[17]는 세금이라는 형식을 갖추고 있지만, 그 본질은 벌과금에 가깝다. 명의신탁은 실제로 증여할 의사를 수반하지 않는다. 따라서 주식의 명의신탁에 증여세를 부과하는 것은 담세력이

---

15) 부유세는 주로 고액 자산을 가진 개인 또는 가구에 대해 부과되는 세금으로서 일정 기준 이상의 순자산(net wealth)을 기준으로 매년 부과된다. 부유세는 국가의 재정 수입을 확보하고 소득 불평등을 해소하는 효과가 있으나 부유층의 자본 유출이라는 조세회피 문제가 발생할 수 있다. 따라서 부유세를 도입하여 안정적으로 유지하고 있는 국가의 사례(예: 노르웨이, 스위스)는 매우 드물다. 우리나라는 부유세를 별도로 운영하지 않지만, 일정 기준 이상의 부동산을 소유하는 자에게 매년 부과되는 종합부동산세가 부유세의 기능을 수행하고 있다.

16) 명의신탁이란 등기나 등록이 필요한 재산에 대하여 실소유자가 대외적으로 자신의 명의 대신 타인의 명의를 사용하기로 하는 계약을 일컫는다. 대외적으로 형식적인 소유권은 명의수탁자에게 있지만, 대내적으로는 여전히 명의신탁자가 실질적인 소유권을 가진다.

17) 의제(擬制)란 일정한 사실에 대하여 법률상으로 동일한 효과를 부여하는 것을 말한다. 증여의제란 본래 증여가 아니지만 세법상 증여와 마찬가지로 취급하여 증여세를 부과하는 제도를 일컫는다.

있는 곳에 과세한다는 조세법의 일반원칙에 어긋난다. 한편, 「부동산 실권리자명의 등기에 관한 법률」(약칭 "부동산실명법")은 부동산에 대한 명의신탁 약정을 일반적으로 금지하고 이를 위반하는 경우 벌금이나 과태료를 부과한다.[18] 반면에 세법은 조세회피 목적으로 주식을 타인 명의로 보유하는 것을 증여로 간주하여 증여세를 부과한다.[19] 요컨대 국가는 차명부동산에 대해서는 과태료를, 차명주식에 대해서는 세금을 부과함으로써 명의신탁 행위를 규제한다.

---

18) 부동산의 실권리자가 타인 명의로 부동산 소유권을 등기하는 경우에는 해당 부동산 가액의 100분의 30에 해당하는 금액의 범위에서 과징금을 부과하거나, 5년 이하의 징역 또는 2억원 이하의 벌금에 처한다(부동산실명법 제5조, 제7조).

19) 상속세 및 증여세법 제45조의2

조세순응과 사회적 딜레마

조세심리학의 핵심 테마는 조세시스템에 대한 순응행동(조세순응 tax compliance)의 심리적 동인을 이해하는 것이다. 순응(compliance)이란 맥락에 따라서 여러 의미로 사용될 수 있다. 통상적으로 순응은 법을 준수하는 행동 즉, 법규준수(legal compliance)를 지칭한다. 그런데 현실에는 법의 허점을 노려 법망을 회피함으로써 법이 금지하고 있는 행위의 효과를 사실상 누리는 사람들이 있다. '금지하지 않는 모든 행위는 허용된다'는 원칙에 충실하면서 순응의 형식적인 면을 강조하는 경우 편법은 순응의 범주에 머문다. 그러나 법의 원래 취지를 벗어난 행동은 제도의 공정성을 훼손하면서 법질서를 어지럽힌다. '법을 지킨다'는 행위는 단순히 법의 형식을 준수하는 것을 넘어서 전체 법질서가 지향하고 있는 가치를 존중하는 것이다. 따라서 편법을 사용하여 법망을 피하는 것도 사회적·심리적인 측면에서는 불응(noncompliance)에 가깝다고 볼 수 있다.

심리적 의미에서 순응은 명령에 대한 수동적 복종(obedience) 그 이상의 의미를 지닌다. 능동적인 순응이란 단순히 규칙을 기계적으로 따르는 것을 넘어서 규범의 정신을 이해하고 수용하는 것이다. 심리적 순응은 어떤 사람이나 대상을 추종하는 행위, 상대방의 제안을 수락하거나 지시를 이행하려는 의사 등을 일컫는다. 따라서 순응의 심리학이 실천적으로 응용되기에 가장 적합한 분야는 "설득"이다.

시장경제질서를 옹호하는 사람들은 이기심에 기초한 사익추구가 사회 전체의 복리 증진에 기여한다는 믿음을 신봉한다. 사익의 추구는 시장의 조율을 통하여 공익과 자연스럽게 조화를 이룬다는 신념의 기원은 아담 스미스(Adam Smith)의 『국부론』으로 거슬러 올라간다. "우리가 저녁 식사를 기대하는 것은 정육점 주인, 맥주 양조업자, 제빵사의 자비심 때문이 아니라 그들 자신의 이해관계 때문이다. 우리는 그들의 인간성이 아니라 자기애를 이야기하며, 우리의 필요가 아닌 그들의 장점에 관해서 이야기한다."[20] 빵 가게 주인이 좋은 빵을 만들기 위해 노력하는 이유는 자선이 아니라 자신의 이익을 추구하기 때문이다. 시장의 가격기구(price mechanism)라는 보이지 않는 손(invisible hand)에 의하여 자원 배분의 효율성이 높아지고, 소비자들은 품질 좋은 빵을 더욱 저렴한 가격에 구매할 수 있게 된다.

현실에서는 자신의 이익만을 고려하는 행동이 공공의 복리에 반하는 상황(사회적 딜레마 social dilemma)이 흔히 발생한다. 〈표 1〉은 게임이론의 틀로서 사회적 딜레마를 보여준다. 괄호( ) 안에 표시된 숫자는 각각 참여자 1의 보상, 참여자 2의 보상을 나타낸다. 게임 참여자의 전략은 협력과 배신 두 가지로 주어지며, 각자가 선택한 전략에 따라 자신과 상대방의 보상이 결정된다. 모두가 협력을 선택하는 경우에 사회 전체의 보상수준(160)이 가장 높다. 철저하게 사익만을 추구한다면 상대방이 취하는 전략과 무관하게 배신이 우월한 전략이다. 이에 따라 참여자들이 자기 이익만을 고려하여 배신을 선택하는 경우 사회 전체의 보

---

20) The Wealth of Nations (Book I, Chapter II). Of the Principle which gives Occasion to the Division of Labour

TABLE 1

사회적 딜레마

구분		참여자 2	
		협력	배신
참여자 1	협력	(80, 80)	(20, 100)
	배신	(100, 20)	(40, 40)

상수준(80)은 가장 낮아진다. 요컨대 모두가 자신에게만 유리한 선택에 집중하게 되면 사회적으로 가장 나빠지는 상태에 도달한다.

탈세의 기회가 주어지는 조세상황은 사익추구가 공익에 반하는 사회적 딜레마에 해당한다. 탈세자는 공공서비스의 편익에 무임승차하는 직접적인 이득을 얻는다. 그러나 무임승차자들이 내지 않은 세금은 결국 다른 납세자들의 부담으로 돌아간다. 탈세로 인하여 조세부담의 불공평이 가중될수록 탈세는 더욱 기승을 부리게 된다. 정부의 재정은 빈약해지고 공공서비스의 품질은 하락한다. 공공서비스에 불만을 품은 납세자들은 탈세를 심리적으로 정당화하는 악순환에 빠진다. 사회적 딜레마 상황에서 사익만을 추구하는 행동은 궁극적으로 자기의 이익, 나아가 자신의 존립 근거를 파괴하는 결과를 초래한다.

조세상황의 사회적 딜레마는 공공정책 전반에 걸쳐 사익과 공익의 충돌 문제 및 그에 관한 해결책을 찾는 일반적인 논의와 맞닿아 있다. 조세제도에 대한 순응행동을 이해하는 과정은 정책에 대한 순응(정책순응)을 이해하는 단계로 이어진다. 따라서 조세순응의 심리학은 보건, 의료, 환경, 에너지 등 정책에 대한 자발적 준수를 요구하는 현장의 실천원리로도 폭넓게 응용될 수 있다.

정책순응에 관한 논의는 '국가와 시민의 관계에서 정당한 권위란 무엇이며 권력이란 어떻게 행사되어야 하는가?'라는 질문으로 나아간다.

건전한 조세제도를 유지하기 위해서 국가는 과세권의 행사에 있어 견제와 균형을 확보하고, 시민들의 자발적인 협력을 유도할 수 있는 거버넌스(governance)를 구축해야 한다. 아울러 조세 민주주의(taxing democracy)를 제대로 구현하려면 조세시스템을 구성하고 있는 주체들이 자신의 자유와 권리뿐 아니라 그에 수반되는 책임과 의무를 존중하는 자세를 갖추어야 한다. 조세심리학은 민주적 리더십과 시민의식의 본질을 성찰할 수 있는 계기를 제공한다.

2. 조세환경

세금을 걷는 기술은 거위의 털을 뽑는 것과 같다. 거위의 비명을 줄이면서 털을 많이 뽑는 게 중요하다.

– 콜베르(Jean-Baptiste Colbert)

신고납세제도

우리나라를 포함하여 주요 선진국의 소득세제[1]는 신고납세제도를 채택하고 있다. 신고납세 방식은 세법에 따라 납부할 세액을 납세자가 스스로 평가하여 조세행정사무를 관장하는 정부기관(세무당국 tax authority)에 보고하는 제도이다.[2] 납세자가 세법이 정하는 바에 따라 자신이 내야 하는 세금을 결정하여 신고하면, 신고한 내용대로 납부할 세액이 확정된다. 신고납세제도는 납세자에게 매우 높은 수준의 의무이행 능력을 요구한다.

소득세 신고납부 상황은 납세자와 세무당국 사이의 정보 비대칭을 유발한다. 과세소득 산출에 필요한 정보는 대부분 납세자가 지배·관리하는 영역에 있어 세무당국이 직접 관찰하기 어렵다. 그런데 납세자가 생성하여 세무당국에 전달하는 담세력에 대한 정보는 납세자 자신의

---

1) 담세력의 3대 징표는 소득, 소비, 그리고 재산이다. 돈을 벌었을 때, 돈을 쓸 때, 값비싼 재산을 소유하고 있을 때 국가는 세금을 요구한다. 현대의 조세시스템은 소득에 대한 과세가 중심을 이룬다. 소득세는 과세표준이 증가함에 따라 적용되는 세율이 계단식으로 상승하는 누진세율 구조를 갖추고 있다. 소득세의 누진과세는 공평과세의 이념과 능력에 상응하여 세금을 부담해야 한다는 원칙("응능과세의 원칙")에 가장 부합하는 세제로 평가되고 있다. 우리나라의 소득세제는 법인소득세(corporate income tax)와 개인소득세(individual income tax)로 이원화되어 있다. 본서는 소득세(income tax)를 법인소득세와 개인소득세를 포괄하는 넓은 의미로 사용한다.

2) 조세는 과세권자에 따라 국세와 지방세로 나뉜다. 국세에 관한 사무는 기획재정부 산하의 관세청과 국세청이, 지방세에 관한 사무는 지방자치단체의 세정과에서 담당한다.

세후 소득에 직접적인 영향을 미친다. 따라서 소득신고 의사결정에 직면한 납세자에게는 의도적으로 과세정보를 왜곡할 유인이 생긴다.

신고납세제도는 필연적으로 세무신고의 누락 및 오류에 대한 사후 검증 절차(세무조사)를 수반한다. 세무조사는 납세자의 신고불응 행위에 대응하는 대표적인 행정 수단이다. 세무당국은 세무조사를 통하여 미납된 세금을 부과하고 과소신고·납부에 대하여 가산세 등의 벌칙을 부과한다. 세무조사는 직접적·사후적인 제재효과 외에도 간접적·사전적인 예방효과를 가질 수 있다. 세무조사의 예방효과는 세무조사를 경험한 납세자의 향후 행동에 영향을 미치는 동적효과(dynamic effect)와 세무조사 대상에 선정될 수 있는 다른 납세자들의 행동에 영향을 미치는 파급효과(spillover effect)로 나뉜다. 그러나 세무행정 자원의 제약으로 인하여 세무조사는 매우 제한적으로만 이루어진다.

신고납세제도는 세무당국이 행정자원을 절약하면서 효율적으로 세금을 징수할 수 있는 반면에 납세자에게는 광범위한 협력의무를 지운다. 납세협력비용(tax compliance cost)이란 세금 외에 조세법과 절차를 준수하는 데 소요되는 금전적·시간적·심리적 비용을 포괄적으로 지칭한다. 납세협력비용은 위장된 조세부담이다. 세무조사 수감에 따르는 불안과 염려, 영업 지장에 따른 기회비용도 넓은 의미에서 납세협력비용에 해당한다.

신고납세제도에 대한 평가는 극단적으로 나뉜다. 신고납세방식은 조세채무를 확정할 수 있는 권한을 일차적으로 납세자에게 부여하고 있다는 점에서 민주적인 조세제도라는 견해가 있다. 그러나 세무당국이 납부할 세액을 정확하게 알려준다면 애초에 성실신고 여부를 둘러싼 분쟁이나 세무조사에 따른 마찰이 발생할 소지가 없다. 따라서 조세행정 절차를 민영화하여 세무행정비용을 납세협력비용으로 전가한다는 비판이 가능하다.

현실에서 신고납세방식의 조세시스템을 주도하는 행위 주체는 세무전문가이다. 통상적 의미의 세무전문가는 민간의 세무전문가(세무대리인)와 공공의 세무전문가(세무조사관)로 나뉜다. 넓은 의미에서 공공의 세무전문가는 조세행정사무의 적법성에 관한 행정부의 내부통제 및 법원의 사법심사에 참여하는 조세주체들(국세 · 지방세 심사위원, 조세심판관, 법관 등)을 포함한다. 나아가 조세입법 절차에 관여하는 국회의원이나 행정관료 역시 넓은 의미에서 세무전문가의 역할을 일부 수행하고 있다.

납세자의 권리와 의무, 세정당국의 권한과 책임, 세무대리인의 역할과 기능에 대한 일반인의 법감정은 실정법의 의도와 다른 경우가 많다. 신고납세제도 하에서 세무당국은 접수된 세무신고의 정확성을 검증할 의무가 없다. 특히, 제한된 세무행정 자원을 고려할 때 세무당국이 적극적으로 납세자가 과다하게 납부한 세금을 찾아서 돌려주기는 어렵다. 과다순응(overcompliance)의 오류를 바로잡아 세금을 돌려받기 위해서는 일차적으로 납세자의 요청(경정청구)이 있어야 한다.

부과제척기간

세무당국은 세법이 정해둔 일정 기한 내에 신고하지 않았거나 과소하게 신고한 세금을 찾아서 세금을 부과할 수 있는 권한(부과권)을 가진다. 그런데 부과권을 행사할 수 있는 기간(제척기간)이 도과하면 무신고·과소신고를 적발하더라도 세무당국은 세금을 부과할 수 없다. 부과제척기간은 세무당국이 과세권 행사를 신속하게 하도록 유도함으로써 납세자의 법적 안정성을 도모하기 위한 장치이다.[3]

신고납세제도는 세법에 따라 납부할 세액을 납세자가 스스로 평가(self–assessment)하여 정확하게 신고할 의무를 지운다. 따라서 부정한 신고나 신고오류에 대한 책임을 납세자에게 묻는다. 가산세는 본세와 별도로 부과되는 별개의 세금이지만 그 실질은 납세협력의무의 불이행에 대한 제재로서 행정질서벌의 성격을 가진다.[4]

신고납세제도의 작동 방식이 익숙하지 않은 일반 납세자에게 큰

---

3) 일반적인 국세의 부과제척기간은 5년이지만, 무신고의 경우에는 7년, 사기 기타 부정한 행위로 인한 무신고·과소신고는 10년으로 그 기간이 연장된다. 상속세 및 증여세의 경우는 일반적인 제척기간은 10년이나, 무신고와 사기 기타 부정한 행위는 15년까지 그 기간이 연장된다(국세기본법 제26조의 2).

4) 행정벌은 행정법규를 위반한 자에게 부과되는 제재로서 행정형벌과 행정질서벌로 나뉜다. 예컨대 무면허운전이나 음주운전은 징역이나 벌금이라는 행정형벌이 부과될 수 있다. 반면에, 과속이나 신호위반에 대해서는 통상 과태료라는 행정질서벌이 부과된다. 음주운전과 신호위반은 위법한 행위라는 공통점이 있지만 불법의 정도(잠재적인 사회적 해악의 수준)가 크게 다르다.

심리적 충격을 안기는 것은 가산세이다. 본세와 별도로 신고불성실에 대한 가산세[5]와 더불어 과소납부에 대하여 하루당 0.022%(연이율로 따지면 약 9%)에 해당하는 납부지연가산세가 부과된다. 따라서 제척기간이 임박하여 세무당국이 부과권을 행사하는 경우 본세의 절반이 넘은 가산세가 붙는 경우가 생긴다. 세무당국의 '늑장 대응'으로 인하여 납부지연가산세 부담이 늘어났다고 생각하는 납세자는 분노가 치민다.

세법이 인정하고 있는 가산세 감면 사유는 매우 제한적이고 엄격하다. 가산세 감면을 받으려면 최선의 주의의무를 다하여 납세의무를 이행하고자 노력하였음에도 불구하고 자신이 통제할 수 없는 사유로 인하여 불응이 발생하였음을 납세자 스스로 입증해야 한다. 세법을 잘 몰랐다는 것은 어떠한 경우라도 가산세 감면의 정당한 사유가 되지 않는다. 예상치 않게 부과된 세금에 대한 억울함을 호소하면서 세법에 대한 무지를 호소하는 납세자들이 많다는 사실은 신고납세제도에 대한 오해가 만연해 있음을 방증한다.

의도치 않은 납세불응과 예상치 못한 가산세로 인하여 발생하는 불필요한 고통을 줄이기 위해서는 신고납세제도가 작동하는 방식에 대한 올바른 이해가 필요하다. 신고납세제도는 납세자가 조세채무의 불확실성과 그로 인한 세무위험을 적절하게 인지하고 관리할 것을 요구한다. 납세자가 스스로 평가하여 신고한 조세채무는 제척기간이 도과하기 전까지는 사후적으로 변경될 수 있는 위험에 노출되어 있다. 납세자가 세무신고에 관한 업무를 세무대리인에게 전적으로 위임했다고 해서 자신

5) 일반무신고는 20%, 일반과소신고는 10%, 사기 기타 부정한 행위로 인한 무신고·과소신고는 40%의 신고불성실 가산세가 부과된다(국세기본법 제47조의 2, 제47조의 3).

의 법적 지위가 바뀌지는 않는다. 세무신고 접수증은 말 그대로 납세자 측이 신고한 내용대로 수리가 되었다는 의미일 뿐 세무처리의 타당성을 세무당국이 인정했다는 의미가 아니다. 신고납세제도하에서 세무신고는 게임의 끝이 아니라 시작일 뿐이다. 끝나기 전(제척기간의 경과 전)까지는 아직 끝난 게 아니다.

조세불복

조세불복절차는 세무당국의 위법한 행정처분으로부터 납세자의 권익을 보호하기 위한 제도이다. 조세불복은 사전적 구제절차와 사후적 구제절차로 나뉜다. 과세전적부심사는 사전적 권리구제절차에 해당한다. 세무당국은 세무조사에 따라 밝혀진 무신고·과소신고를 결정·경정하여 과세예고통지를 해야 한다. 조세채무의 존부와 범위, 과세권 행사의 적법성에 관하여 이견이 있을 때 납세자는 과세전적부심사를 청구하여 예정된 과세처분을 재고해 줄 것을 세무당국에 요청할 수 있다. 과세전적부심사에서 납세자 주장이 채택되는 경우 세무당국은 예정된 과세처분을 철회한다.

사후적 권리구제 절차는 행정심판 단계와 행정소송 단계로 나뉜다. 행정심판은 임의적 절차인 이의신청과 필수적 절차인 국세청 심사청구·조세심판원 심판청구·감사원 심사청구가 있다. 납세자는 과세처분의 위법성에 대한 행정소송을 제기하기 전에 필수적 절차 중 하나를 택하여 행정심판을 거쳐야 한다(행정심판 전치주의). 행정심판에서 납세자 주장이 인용되는 경우 세무당국은 과세처분을 취소해야 한다(행정심판의 기속력). 이와 달리 행정심판 단계에서 납세자의 청구가 기각되어도 납세자는 법원에 조세행정소송을 제기할 수 있다. 일반적인 사법심사와 마찬가지로 조세소송도 3심제로 진행되며, 법원이 종국적으로 과세처분의 위법성을 인정하여 납세자 승소 판결을 하는 경우 세무당국은 해당 과세처분을 취소해야 한다.

신고납세제도의 조세 게임(tax game)이란 조세주체들의 전략적인 상호작용을 지칭한다. 조세불복은 조세 게임의 일부이다. 과세처분의 위법성이 존재하더라도 행정작용의 공정력에 의하여 과세처분은 유효하다.[6] 그런데 과세처분의 위법성 여부는 조세불복 과정에서 사후적으로 밝혀질 뿐 사전적으로는 위법성을 단정하기가 어렵다. 게다가 납세자가 조세불복에 소요되는 금전적·정신적 비용을 감안하여 조세불복을 포기하는 경우도 허다하다.

신고납세제도에서 당초 신고한 조세채무는 사후적으로 변경될 수 있는 불확실성에 노출되어 있다. 예컨대 세무당국이 사업소득에 대한 필요경비 공제를 부인하여 세금을 추징하더라도 그러한 처분을 한 배경에는 여러 가지 사유가 존재할 수 있다.

가공경비: 실제로는 경비가 지출되지 않았음에도 경비를 지출한 것처럼 거짓으로 꾸며서 신고한 경우

사적경비: 업무와 무관한 경비를 지출하면서 사업과 관련성이 있는 경비에 포함하여 신고한 경우

업무관련성이 모호한 경비: 업무관련성 여부를 두고 이견이 존재할 수 있는 상황에서 납세자가 자신에게 유리한 방식으로 필요경비를

6) 공정력(公定力)이란 행정의 안정성과 실효성을 보장하기 위하여 행정행위가 비록 위법하더라도 권한 있는 기관에 의해 취소되기 전까지는 유효한 것으로 통용되는 힘을 의미한다. 위법한 과세처분이라 하더라도 납세자가 그에 불복하지 않으면 공정력에 따라 납세의무는 유효하게 존재한다. 다만, 행정심판이나 취소소송을 통하여 청구가 인용되어 과세처분이 취소되면 그때부터 납세의무는 소급하여 소멸하게 된다.

공제하여 신고한 경우

업무관련성이 있으나 입증하기 어려운 경비: 실제로는 업무관련성이 있음에도 납세자가 해당 사실을 객관적인 증거로서 충분히 입증하지 못하는 경우

첫 번째와 두 번째는 신고납세제도의 정보비대칭 환경에서 세금을 줄이기 위하여 고의적으로 위법한 수단을 사용하는 경우다. 세 번째나 네 번째 행위는 질적 속성에서 다소 차이가 난다. 세 번째는 신고납세제도의 세무위험을 수용하는 선호의 차이로 인하여 세금이 추징되는 경우고, 네 번째는 세무관리에 부주의 또는 과실이 있는 경우다. 이와 같이 과세처분의 배경이 되는 세무신고의 다양한 스펙트럼이 있음을 감안한다면, 세무당국의 과세처분이 있었다는 사실만으로 섣불리 납세자를 파렴치한 탈세자로 몰아서는 안 된다.

과세인프라

세법은 일정한 소득을 지급하는 자(원천징수의무자)에게 소득을 지급받는 자가 부담할 소득세를 징수하여 납부할 의무를 지운다. 또한 근로소득을 지급하는 회사는 연말정산 절차를 통하여 임직원들이 소득의 원천에서 미리 납부한 소득세를 사후적으로 정산해 준다. 근로소득은 종합소득의 일종이므로 납세의무자는 자신의 연간 소득에 대하여 신고할 의무가 있다. 그러나 연말정산 대상 근로소득만 있는 경우에는 종합소득 신고의무가 면제된다. 따라서 근로소득자들은 자신들에게 소득에 대한 신고의무가 있다는 사실 자체를 인지하기가 어렵다. 연말정산의 본질은 회사가 소속 임직원들 각자가 수행해야 할 종합소득세 신고절차를 대신 수행해 주는 것이다.

원천징수제도는 담세력에 관한 정보를 전달하는 제3자 보고시스템(과세인프라)의 기능을 수행한다. 과세인프라는 세무당국과 납세자 간의 정보격차를 해소하여 불성실한 세무신고를 사전적으로 통제한다. 원천징수한 소득세(원천세)를 납부하면서 원천징수의무자는 원천납세의무자에게 소득이 발생했다는 사실을 세무당국에게 알린다. '월급쟁이의 유리지갑'이라는 은유적 표현은 원천징수에 따라 근로소득이 투명하게 노출되기 때문에 사업자들에 비하여 근로자들의 세부담이 상대적으로 크다는 인식을 반영한다. 세법은 이러한 구조적 불평등을 해소하기 위해서 원칙적으로 근로소득이 있는 경우에만 적용되는 각종 소득공제나 세액공제를 마련해 두고 있다.

정부는 근로소득자들의 연말정산 시 신용카드 · 직불카드 · 현금영수증 등(신용카드 등) 사용액 가운데 일정 금액을 소득에서 공제하여 세 부담을 경감시켜 준다. 소비자들이 신용카드 등을 사용하면 거래 사실이 세무당국에 전달된다. 이로써 무자료 거래를 했다면 가능한 사업자의 부가가치세 및 소득세 탈루를 사전에 차단할 수 있다.[7] 신용카드 등 사용액에 대한 소득공제는 근로소득자의 소비지출로부터 사업 활동의 세원을 파악하는 제3자 보고시스템이다. 사업자들이 적격증빙을 발급하지 않는 현금거래나 계좌이체 시 할인을 제안하는 행위는 소비자로부터 탈세 협력 서비스를 구매하는 것이다.

간접세는 사업자가 세금을 내지만 최종소비자에게 세부담이 전가될 수 있도록 설계된 세금이다. 부가가치세, 개별소비세, 주세 등의 간접세는 최종소비자 가격에 포함되어 있어 소비자가 세금을 부담한다는 사실을 제대로 인식하기가 어렵다. 월급의 일부가 통장을 지나 세금으로 빠져나가는 것과 월급의 그림자로 존재하면서 손에 쥐어보기도 전에 세금으로 공제되는 것은 심리적으로 중요한 차이를 만들어 낸다. 간접세와 원천세는 조세저항을 줄일 수 있는 기술로서 세금의 두드러짐(salience)을 억제한다. 귀스타브 르봉은 『군중심리학』에서 간접세가 조세저항을 줄이는 데 효과적인 이유를 다음과 같이 지적하였다.

---

7) 무자료 거래란 적격증빙(세금계산서, 계산서, 신용카드 매출전표, 현금영수증 등 거래사실을 객관적으로 입증할 수 있는 법정증명서류)을 발급하지 않아 과세인프라에 포착되지 않는 거래를 말한다.

> "만약 어떤 입법자가 새로운 세금을 부과하고자 할 때 그는 과연 이론적으로 가장 정당한 것을 선택해야 할까? 결코 그렇지 않다. 오히려 만약 그 세금이 가장 눈에 덜 띄고 외관상으로 가장 부담이 적어 보인다면 가장 부당한 세금이 군중에게 사실상 가장 훌륭한 것이 될 수 있을 것이다. 간접세는 소비재를 구입할 때마다 매일매일 나누어서 조금씩 징수되므로 군중의 관행과 충돌하지 않고, 그들에게 잘 느껴지지도 않는다."[8)]

간접세는 납세자를 수탈의 대상으로 바라보는 '거위털 뽑기'의 관점에서 조세저항을 줄이는 효과가 있지만 민주사회의 건전한 조세 문화를 조성하는 데 장애요인이 된다. 국가는 부가가치세를 공급대가에 포함하지 않고 구분하여 표시하는 정책을 실행할 필요가 있다. 이로써 소비자들이 상품의 대가와 세금은 본질적으로 다르다는 사실을 인식하고 납세자로서 자신이 세금을 내고 있다는 사실을 자각할 수 있도록 유도해야 한다.

---

8) 귀스타브 르봉(2014). 민문홍 옮김. 『군중심리학』. 책세상. p.36

지하경제와 자료상

부가가치세의 납세의무자는 사업자이다. 부가가치세가 과세되는 재화나 용역을 공급하는 사업자들은 공급받는 자로부터 부가가치세를 거래징수하여 국가에 납부할 의무가 있다. 반대로 과세사업과 관련하여 소비되는 재화나 용역을 공급받으면서 거래징수된 부가가치세(부가가치세 매입세액)는 법정 요건을 갖추어 국가로부터 돌려받을 수 있는 권리가 있다. 사업자들은 거래징수와 매입세액공제를 통하여 최종소비자에게 부가가치세의 세부담을 전가할 수 있다.

세금계산서는 부가가치세 거래징수를 확인하는 법정증명서류(적격증빙)이다. 부가가치세가 면세되는 사업자는 원칙적으로 계산서를 발급할 의무가 있다. 세무당국은 사업자들 간의 세금계산서 및 계산서 수수 현황, 원천징수이행상황, 소비자들의 신용카드 등 지출내역을 파악함으로써 세원을 효과적으로 관리할 수 있다. 과세인프라에 포착되는 적격증빙을 발급하지 않는 거래를 무자료 거래라고 하며, 무자료 거래가 일상적으로 발생하는 경제영역을 지하경제(shadow economy)라고 한다. 조세격차(tax gap)란 납세자들이 세법에 따라 내야 할 세금과 실제로 납부한 세금 사이의 차이를 일컫는다. 지하경제의 규모가 클수록 조세 격차도 커진다.

신용카드 등의 사용이 확대되면서 자영업자들이 소위 "잘 나가던"

시절은 지나갔다. 과거 현금매출 비중이 큰 자영업자들 사이에서는 수입금액을 누락하여 신고하는 탈세가 만연하였다. 그러나 신용카드 등 사용이 일상화됨에 따라 세무당국에 보고되지 않는 수입금액이 현저히 줄어들었다. 매출이 투명하게 노출됨에 따라서 부가가치세와 소득세 부담이 늘어나게 되었다. 게다가 신고된 소득에 비례하여 건강보험료 등 준조세 부담액도 덩달아 늘어나 자영업자들이 피부로 체감하는 세부담 수준은 더욱 높아졌다.

세금계산서 등 적격증빙을 허위로 작성하여 수수료를 받고 판매하는 사업자를 자료상이라고 한다. 자료상은 일정 금액의 수수료를 받고 가공세금계산서 등을 발급해 준다. 가공거래를 감추기 위하여 매출에 대한 부가가치세와 소득세 등을 정상적으로 신고하되 납부는 하지 않는다. 세금을 자력으로 납부할 능력이 없는 바지사장을 전면에 내세우고 체납된 세금이 어느 정도 쌓이면 폐업하고 도주한다. 스스로 자폭을 하거나 세무당국에 적발되어 폭파될 운명을 가지고 태어나기 때문에 자료상은 폭탄업체, 자료상이 하는 영업은 폭탄영업이라는 별칭을 가진다. 가공세금계산서의 수수는 「조세범처벌법」 및 「특정범죄 가중처벌 등에 관한 법률」에서 규율하고 있는 조세범죄에 해당한다.

자료상의 폭탄영업은 신고납세제도의 허점을 노린다. 납세자가 신고한 내용대로 확정된 세금이 가공거래와 거짓신고로 발각되기까지 시차가 존재하기 때문이다. 자료상은 세금에 대한 지식이 부족한 소규모 사업자들에게 합법적으로 세금을 줄여준다고 접근하여 폭탄영업의 희생자를 물색한다. 특히, 무자료 매입거래의 비중이 커서 소득에서 공제할 수 있는 지출증빙이 적은 사업자들이 자료상의 유혹에 넘어가기 쉽다. 거짓증빙을 수취하여 신고소득을 줄이는 것은 가산세가 중과되고 조세범죄로서 형사처벌이 될 수 있는 사기 기타 부정한 행위에 해당한다.[9] 자료상과의 거래에 수반되는 세무위험을 과소평가한 사업자는 세금폭탄의 충격을 감당하기 어렵다.

다음은 자료상의 해악이 재산뿐 아니라 생명에까지 미친 사건이다.

세금 떠맡는 '폭탄업체' 굴려 소사장들 빚더미 앉힌 40대 실형[10]

경남 거제지역 조선업 소사장들에게 부가가치세 등 세금을 아껴주겠다고 접근해 수백억 원대 허위 세금계산서를 발급한 40대가 실형을 선고받았다. 형편이 어려운 지역 하청업체 소사장들은 위법을 감수하고서라도 여전히 이 같은 위험에 빠지고 있는 것으로 나타났다.

A씨는 지인 명의로 이른바 '폭탄업체'를 여러 개 만든 뒤 2015년부터 2018년까지 폭탄업체가 자기 사업체와 소사장들 업체에 재화나 용역을 공급한 것처럼 속여 수백억 상당의 허위 세금계산서를 발급한 혐의 등으로 기소됐다.

폭탄업체는 마치 거래가 발생한 것처럼 속여 세금계산서만 발행하는 역할을 한다. 폭탄업체에서 세금계산서를 뗀 사업자는 실제로는 발생하지 않은 지출을 비용으로 처리해 영업이익을 적게 신고함으로써 부가가치세 등 세금을 줄일 수 있다. 과세 대상인 폭탄업체는 세금을 체납하다가 폭탄이 터지듯 폐업해 폭탄업체라고 불린다.

과거 대우조선해양 시절 2차 하청회사를 운영한 A씨는 부가가치세 등 세금을 피하기 위해 폭탄업체 여러 개를 만들었다. 그는 지역 하청업체 소사장들에게 세금을 줄일 수 있다는 식으로 접근한 뒤 세금을 회피해주는 대가로 일

9) 조세범처벌법 제9조 제1항

10) 연합뉴스, 2024. 6. 27. https://v.daum.net/v/20240627160115258

정 부분 이득을 챙긴 것으로 알려졌다. A씨가 이렇게 허위 세금계산서를 발급한 금액은 약 400억 원이 넘는다.

세금을 아낄 수 있다는 말에 속아 A씨 범행에 연루된 피해자들은 뒤늦게 막대한 세금 추징을 당해야 했다. 이들 중 일부는 이를 견디다 못해 스스로 목숨을 끊었다. 한 피해 유족은 "형님을 비롯한 피해 업체들은 A씨가 폭탄업체를 이용하는지도 모르고 세금을 아낄 수 있다는 말에 속은 것"이라며 "하지만 이후 폭탄이 터지면서 형님이 수십억 원의 세금을 내야 할 상황이 되자 이를 견디다 못해 결국 돌아가셨다"고 말했다.

업계 관계자들은 지역에서 여전히 암암리에 비슷한 일이 벌어지고 있다고 입을 모은다. 한 하청업계 관계자는 "원청에서 기성금을 제대로 대우 안 해주니 위험을 감수하고서라도 세금을 덜 내 임금을 보전하려는 마음으로 엮이게 된다"며 "폭탄업체 운영자들도 이 같은 노동자 심리를 알고 접근해 감옥에 갈 생각으로 한탕 해 먹는 구조라 사라지기 쉽지 않다"고 말했다.

3. 세무신고 의사결정

소득세 신고에 필요한 질문을 이해하는 것은 수학자에게 너무 힘든 일이며, 철학자의 도움이 필요할 것 같다.

– 앨버트 아인슈타인

세법의 복잡성과 모호성

세법은 담세력 측정이라는 특유의 기술적 특성과 더불어 사회경제적 정책 실현의 도구로 활용되면서 압도적으로 많은 양의 법령으로 구성되어 있다. 그러나 복잡하고 변화무쌍하게 전개되는 경제활동의 구체적인 세무처리 방법을 빠짐없이 법령에 규정하는 것은 불가능하다. 특정 거래와 관련하여 세법의 적용이 중첩되거나 법규의 해석이 모호한 회색지대(gray area)에서는 적절한 세무처리를 명확하게 판정하기 어렵다. 불확정 개념을 활용하면 다양한 조세상황에 탄력적으로 대응할 수 있지만, 해석과 적용의 적법성을 두고 다툼이 생겨날 소지가 커진다.[1)]

세법의 복잡성과 모호성은 세법의 허점(loophole)을 이용하여 세금을 피하려는 납세자와 공평과세를 실현하고자 하는 세무당국 사이의 긴장을 유발한다. 법을 명시적으로 위반하지 않으면서 법령 간의 충돌, 입법의 공백, 해석이 모호한 조항 등을 적극적으로 활용하여 "창의적"으로 조세를 회피하는 사례가 발생하기 때문이다. 법의 빈틈을 노리는 이들과 세무당국이 벌이는 '고양이와 쥐의 게임'으로 갈수록 법령의 양

1) 불확정 개념(indeterminate concept)이란 법의 규정이 추상적이거나 포괄적으로 되어 있어 그 의미가 명확하게 확정되지 않는 개념이다. 불확정 개념을 구체적인 사례에 적용하면 상황에 따라 해석이 달라질 수 있다. 불확정 개념은 법의 경직성을 해소하고 개별 사건의 구체적 타당성을 높이는 기능이 있지만, 일관된 해석의 기준이 부재한 경우 법적 안정성과 예측 가능성을 훼손할 수 있다.

은 늘어나고 법령체계는 더욱 복잡해진다.

법령에 대한 다의적인 해석이 가능하거나 사실관계를 포섭할 수 있는 복수의 법령이 중첩되는 경우 조세채무의 불확실성이 생겨난다. 비과세·감면 요건의 충족 등을 두고 납세자측과 세무당국 사이에 의견이 엇갈린다. 사안에 따라서는 세무조사관들 조차도 판단이 일치하지 않는다. 일선 세무공무원의 조언에 따라 세무신고를 하였는데 사후적으로 세금이 추징되고 가산세까지 부담해야 하는 납세자는 어리둥절해진다. 관할세무서에서 납세자의 경정청구에 따라 세액을 환급해 주었는데 감사관의 지적에 따라 세금이 다시 부과되는 사례도 있다. 신고납세제도의 본질, 세무조사관과 세무당국의 관계, 세무행정의 내부통제절차에 관한 이해가 부족한 납세자는 자신에게 닥친 불운을 납득하기가 어렵다.

우리나라의 부동산 세제는 투기 억제와 경기 부양이라는 상반된 목표 사이를 오락가락하면서 집권 세력의 정치적 성향과 정책 기조에 따라 요동친다. 특히, 주택에 대한 양도소득세는 주거생활의 안정과 부동산투기 억제라는 정책 목표가 혼재되어 조세감면과 중과세, 특례 조항들이 서로 난잡하게 얽혀 있다. 따라서 양도소득세 신고에 필요한 복잡한 법령을 구체적인 사안에 적용하여 정확한 세액을 산출하는 일은 세무전문가들에게조차 벅찬 일이 되었다.

양도소득세의 경우에도 신고납세방식을 채택하고 있기 때문에 비과세·감면 요건의 판단 및 세무신고에 대한 일차적 책임은 납세자에게 있다. 그런데 실무에서는 납세자가 세무대리인에게 신고를 위임하고, 세무신고 오류 시 부과되는 가산세에 대하여 세무대리인이 납세자에게 손해배상책임을 지는 경우가 많다. 서비스 수수료 대비 가산세 위험이 너무 커져 이른바 양포세(양도소득세 세무신고 대리를 포기한 세무사)라는 신조어가 출현하기에 이르렀다.

난수표 같은 세금…세무사 98% "잦은 세법개정으로 일 못하겠다"[2)]

매일경제가 한국세무사회에 등록된 세무사 205명을 대상으로 작년 12월 24일부터 올해 1월 11일까지 설문조사를 진행한 결과 98.5%는 "수시로 바뀌는 정부 세법 때문에 세무 업무에 어려움이 있다"고 토로했다.

세무사 84%는 대표적 문제 세목으로 양도소득세를 꼽았다. 종합부동산세(9.8%), 상속 · 증여세(1%), 종합소득세(1%)에 비해 문제가 있다는 반응이 압도적으로 많았다. 현 정부 들어 부동산 정책이 25번 바뀐 가운데 양도세 관련 세법은 다섯 차례 개정됐다. 올해 적용 세법 가운데서는 1가구 1주택 비과세 보유기간, 2년 미만 보유자 세율 인상 등 6군데가 달라졌다.

상황이 이렇다 보니 '양포세(양도세 상담을 포기한 세무사)'라는 신조어마저 등장했다. C세무사는 "정부가 세법을 누더기로 만들었다"며 "수십만 원 벌자고 잘못 상담했다가 수천만 원 소송에 휘말릴 수 있어 아예 양도세 관련 상담은 받지 않고 있다"고 분위기를 전했다.

---

2) 매일경제, 2021. 1. 15. https://www.mk.co.kr/news/economy/9711374

세무포지션

세법의 복잡성과 모호성은 조세채무의 불확실성을 유발한다. 조세채무의 불확실성에 직면한 납세자는 세무위험에 대한 자신의 선호에 따라 세무포지션(tax position)을 선택해야만 한다. 공격적 세무포지션(aggressive tax position)은 조세법령을 납세자에게 유리하게(국가에 불리하게) 적용하여 세금을 상대적으로 적게 신고하는 경우를 말한다. 세무신고의 공격성은 조세채무의 불확실성에 대응하여 위험을 추구하는(risk-seeking) 조세행동이다. 공격적 세무포지션은 당장 내야 하는 세금을 줄이는 대신에 세무당국에 의해서 부인되어 세금이 추징되고 가산세를 추가로 부담해야 하는 위험에 노출(risk exposure)된다. 공격적 세무포지션의 세무위험은 세무당국에게 세무포지션이 부인될 조건부 확률과 조세쟁송에서 납세자가 패소할 조건부 확률의 결합확률로 평가할 수 있다.

보수적 세무포지션(conservative tax position)은 조세법령을 납세자에게 불리하게(국가에 유리하게) 적용하여 세금을 상대적으로 많이 신고하는 경우를 말한다. 보수적 세무포지션을 취하면 당장 내야 할 세금은 비교적 많지만, 향후 가산세를 부담해야 하는 불확실성을 해소할 수 있다. 납세자 측은 세무당국과의 마찰비용을 절감할 목적으로 보수적 포지션을 선택하기도 한다. 실무에서는 흔히 공격적 세무포지션에 수반되는 가산세 리스크를 해소하기 위하여 일단 보수적 세무포지션을 취한 다음 과다신고·납부한 세액의 환급을 청구하는 전략이 채택된다.

조세법의 복잡성은 세무공격성에 대한 납세자의 태도에 영향을 미칠 수 있다. 세법의 복잡한 규정들은 실제로 조세회피가 반복적으로 발생하는 것을 막기 위하여 사후적으로 도입된 경우가 많다. 뒤집어서 얘기하면, 그만큼 입법의 빈틈을 노린 성공적인 조세회피 사례가 많았음을 방증한다. 조세회피에 대응하는 법령의 양이 많아진다는 것은 과거의 공격적 조세회피 사례가 법문으로 박제된다는 것을 의미한다. 그러므로 세법이 지나치게 복잡하고 예외 조항들이 난무하면 납세자들은 공격적 세무포지션을 윤리적으로 쉽게 정당화할 수 있다.[3)]

Slemord 등(2001)은 미네소타주에 거주하는 실제 납세자를 대상으로 세무조사 위협이 소득신고 행태에 미치는 영향을 조사하였다.[4)] 무작위로 추출된 2,000명의 납세자들에게 '국세청은 귀하의 세무신고서에 대한 엄밀한 검토를 거쳐 예상되는 소득금액과 신고된 소득금액의 차이가 크면 세무조사를 실시할 것'이라는 내용의 편지를 보냈다. 이후에 수집된 소득신고 자료를 분석한 결과, 세무조사 위협을 받은 저소득층과 중산층 납세자들이 신고한 소득은 당초 예상대로 증가하였다. 그러나 세무조사 위협을 받은 고소득층 납세자들이 신고한 평균소득은 표준 신고서를 수령한 비교 집단에 비하여 오히려 감소하였다. 즉, 세무조사 위협이 고소득층의 세무신고 공격성을 오히려 강화했던 것이다.

---

3) Nugent, D. A. (2013). Legislating Morality: The Effects Of Tax Law Complexity On Taxpayers' Attitudes. Journal of Applied Business Research, 29(5), 1479–1494.

4) Slemrod, J., Blumenthal, M., & Christian, C. (2001). Taxpayer response to an increased probability of audit: evidence from a controlled experiment in Minnesota. Journal of Public Economics, 79(3), 455–483.

연구자들은 세무조사 위협을 받은 고소득층 납세자들이 세무조사를 협상과정으로 생각하여 협상에서 초기 입찰금액(자진 신고소득)을 낮추는 전략을 선택하였다고 해석하였다.

조세회피의 연속선

본서는 조세회피(tax avoidance)를 '세금을 줄이고자 하는 의도를 지닌 모든 조세행동'으로 정의한다. 법이 장려하는 경제활동을 통하여 세금을 줄이는 행위, 법이 금지하고 있는 수단과 방법을 사용하여 세금을 줄이는 행위, 변칙적인 거래를 설계하여 편법으로 세부담을 줄이는 행위 등 조세회피에는 다양한 스펙트럼이 존재한다. 조세회피를 연속선상에서 이해하는 경우 한 끝단에는 세법이 명시적으로 장려하는 절세전략이, 반대편 끝단에는 형사처벌의 대상이 되는 조세포탈이 자리하게 된다.

조세회피는 사후적 결과뿐만 아니라, 위법성에 대한 인식 여부와 불법의 정도를 종합적으로 고려하여 법적·사회적 평가가 이루어져야 한다. 탈세와 조세포탈은 법에서 명시적으로 금지하고 있는 위법한 행위라는 공통점이 있다. 그러나 불법의 경중과 행위에 대한 법적 평가와 제재 방식이 매우 다르다. 통상적인 탈세(tax evasion)에는 가산세가 부과된다. 그러나 조세포탈(tax fraud)은 불법의 정도가 지나친 탈세로서 「조세범처벌법」과 「특정범죄가중법」에 따라 형사처벌의 대상이 되는 범죄행위이다.[5]

---

5) 조세범처벌법 제3조는 이중장부의 작성, 거짓 증빙의 작성 및 수취, 장부와 기록의 파기 등을 '사기 기타 부정한 행위'로 예시하고 있다. 다른 어떤 행위를 수반함이 없

신호위반과 음주운전은 교통질서를 위반하였다는 공통점이 있지만, 두 행위가 사회에 미치는 해악의 수준은 매우 다르다. 통상적인 탈세에 대한 가산세는 신호위반이나 과속에 대한 과태료의 성격을 가진다. 반면에 조세포탈은 배임·횡령 등과 같은 화이트칼라 범죄로서 음주운전이나 뺑소니에 가깝다. 탈세와 조세포탈의 개념적 구분은 매우 중요하지만, 실정법상으로 그 경계가 모호한 경우가 적지 않다. 탈세와 조세포탈의 차이는 '감옥 담장 두께의 차이'이며, 국가의 조세부과권 행

FIGURE 2 조세회피의 연속선

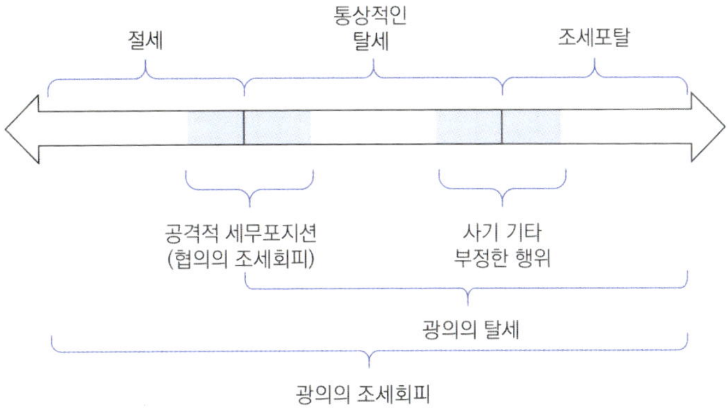

이 단순히 세법상의 신고를 하지 아니하거나 허위의 신고를 함에 그치는 것은 여기에 해당하지 아니한다(대법원 2003. 2. 14. 선고 2001도3797 판결 등). 한편, 명의를 위장하여 소득을 얻더라도 그것이 조세포탈과 관련이 없는 행위인 때에는 '사기 기타 부정한 행위'에 해당한다고 할 수 없으나, 그것이 누진세율 회피, 수입의 분산, 감면특례의 적용, 세금 납부를 하지 아니할 무자력자의 명의사용 등과 같이 명의위장이 조세회피의 목적에서 비롯되고 나아가 여기에 허위 매매계약서의 작성과 대금의 허위지급, 허위의 양도소득세 신고, 허위의 등기·등록, 허위의 회계장부 작성·비치 등과 같은 적극적인 행위까지 부가된다면 이는 조세의 부과와 징수를 불가능하게 하거나 현저히 곤란하게 하는 '사기 기타 부정한 행위'에 해당한다(대법원 2013. 12. 12. 선고 2013두7667 판결 등).

사를 교란하는 지능적인 탈세는 '교도소 담장 위를 걷는 행위'이다.

언론에서는 주기적으로 유명 연예인에 대한 세무조사가 실시되어 상당한 액수의 세금이 추징되었다는 기사가 등장한다. 그런데 세무당국이 과소신고라고 판단하여 과세처분을 하였다는 사실만으로 탈세자 또는 조세포탈범과 같이 취급하는 것은 납세자의 인권을 침해하는 행위이다. 조세회피의 연속선이 시사하는 바와 같이 세무당국의 과세처분이 명백하게 탈세라고 보기 어려운 공격적 세무포지션을 겨냥하고 있을 가능성이 있기 때문이다. 예컨대 연예인의 경우 사적 경비와 사업 관련 경비의 판단이 모호한 영역이 존재하는데 납세의무자가 사업관련성을 충분히 입증하지 못하는 경우 세무당국은 사업관련성이 없을 것으로 추단하여 과세처분을 하게 된다. 납세자에게는 과세처분의 위법성을 다툴 수 있는 절차적 권리가 있다. 따라서 세무조사 결과 과세처분이 이루어졌다는 사실만으로 탈세범이라는 사회적 낙인을 찍어서는 안 된다.

연예인 탈세 의혹 논란…탈세와 절세사이 오해와 진실6)

최근 연예인들의 잇단 탈세 의혹이 불거지고 있다. 고의든 아니든 거액의 세금을 추징받은 것은 그만큼 누락하거나 과대 계상한 경비가 크지 않았겠냐는 비난론도 있는 반면, 세법에 무지한 개인이 지른 '실수'인데다 고의성이 밝혀진 것이 아니기 때문에 '파렴치범'으로 몰아가는 것은 마녀사냥이라는 반론이 나오고 있는 것이다.

납세자연맹의 K회장은 "세법이 불합리하거나 복잡한 경우도 상당히 많다"며

6) 매일신문, 2011. 9. 24. https://www.imaeil.com/page/view/2011092407014809539

"법 해석상의 문제가 있을 수도 있는데 한 개인을, 그것도 유명인을 죄인처럼 몰아가서는 안 된다"고 주장했다. 예를 들자면 연예인이 누군가와 식사를 했는데 그 비용을 공제 대상으로 여기는 데 있어 개인적인 식사자리인가, 아니면 사업상 필요했는가 여부를 어떻게 해석하느냐에 따라 탈세가 될 수도 아닐 수도 있는 문제이기 때문이다.

K 회장은 "2008년 국세청 세무조사 총 1만 4천 838건 중 '부정한 방법으로 탈세한 경우'에 해당돼 검찰에 고발된 경우는 486건(3%)에 불과하다"며 "악의적이지 않은 절세와 세법의 흠결을 이용한 세금회피를 절세권(節稅權)으로 본다"고 덧붙였다. 세금 전문가조차도 특정 경비가 업무 관련 경비인지, 업무 무관 경비인지 구별하는 것이 어려운 상황에서 자진신고를 통해 세금을 잘못 신고하면 무조건 탈세범으로 모는 세무행정 풍토는 문제가 있다는 것이다.

공격적 세무계획

공격적 세무계획(ATP: Aggressive Tax Planning)이란 법에서 명확히 규정하고 있지 않거나 해석이 모호한 세법의 허점을 적극적으로 공략하는 조세회피를 말한다. 현실에서 '조세회피'라는 용어를 사용할 때는 대개 ATP를 일컫는다. ATP는 절세와 탈세의 경계, 사적 자치와 과세권 침해가 중첩되는 회색지대(gray area)에 놓인다. ATP는 절세와 탈세의 속성을 공유하기 때문에 사전적으로 절세 또는 탈세의 이분법을 적용하기가 어렵다. 합법적인 절세를 추구하는 것은 납세자의 정당한 권리라는 측면에서 볼 때 ATP는 절세권의 법적 경계를 확장하려는 조세행동이다. 조세쟁송에서 절세권의 남용이라고 판단이 내려진 ATP는 탈세와 동일하게 취급된다. 반면에 세무당국이 문제 삼지 않거나, 조세쟁송에서 종국적으로 납세자의 청구가 인용된 ATP는 사후적으로 절세전략으로 평가된다.

ATP를 둘러싼 다툼은 법적 형식뿐 아니라 경제적 실질을 고려하는 세법의 특성에서 기인한다. 정부는 '초대받지 않은 동업자'이다. 납세의무자가 선택한 거래 형식이 조세회피 목적 이외의 다른 사업상 목적이 없다고 판단되는 경우 침묵의 동업자는 부당하게 줄어든 자신의 몫을 요구한다. 실패한 ATP(세무당국에 의하여 ATP의 정당성이 부인되고 행정심판 및 행정소송에서 납세자 청구가 기각되는 경우)에는 가산세 등의 제재

TABLE 2

탈세와 ATP의 공통점과 차이점

구분	탈세	ATP
조세회피의 의도	있음	있음
위법성에 대한 인식	있음	없음
실현 수단	사실의 은닉	거래의 (재)설계
주요 원인	정보의 비대칭성	세법의 허점, 법해석의 차이
조세채무의 성격	부외부채[7]	우발부채

가 수반된다. 한편, 세무당국은 성공한 ATP(행정심판 또는 행정소송에서 납세자 청구가 인용되는 경우)에 대하여 법원의 판결 취지에 반대하는 입법을 통하여 동종의 ATP가 반복되는 것을 차단한다.

ATP에 대한 주관적 평가는 가치관에 따라 크게 엇갈린다. 공공의 이익을 중요시하는 사람들은 ATP를 탈세의 변종으로 바라보며 "조세회피는 합법적 탈세이다"와 같은 패러독스를 옹호한다. 반면에 "법이 금지하지 않은 모든 수단은 허용된다"라는 법언을 지지하면서 경제활동의 자유를 중시하는 사람들은 ATP를 세련된 절세전략으로 취급한다. 이는 궁극적으로 '공공성과 충돌하는 사적 자치의 경계를 어디까지 인

7) 부외부채(Off-Balance Sheet Liabilities)란 기업의 재무상태표에 표시되지 않지만, 일정 조건하에서 부담해야 할 가능성이 있는 부채를 의미한다. 이에 반하여 우발부채(Contingent Liabilities)란 현재 시점에서는 확정되지 않았지만, 특정 사건이나 조건이 발생하면 부채로 현실화될 가능성이 있는 잠재적 부채를 의미한다. 탈세는 특정 거래나 사실 등을 의도적으로 누락함으로써 채무의 존재를 숨기는 행위로서 부외부채의 성격을 가진다. 반면에 ATP는 조세채무의 존부나 범위가 조세쟁송 과정에서 법해석의 차이에 따라 달라질 수 있는 우발부채의 성격을 가진다. 예컨대 미국회계기준 FIN 48(Financial Accounting Standards Board Interpretation No. 48)은 기업의 불확실한 세무 포지션(uncertain tax positions, UTPs)에 대한 평가와 공시 지침을 규정하고 있다. FIN 48이 적용되는 기업의 경우 법적·회계적으로 논란의 여지가 있는 세무처리가 세무당국에 의하여 인정될 가능성이 50% 이상을 초과하지 않는다면 예상되는 세금 추징액을 부채로 공시해야 한다.

정할 수 있는가'라는 논쟁의 연장선에 놓인다.[8)]

탈세와 ATP에 대한 법적 평가(위법성)와 사회적 평가(비난가능성)가 반드시 일치하지는 않는다. 세법의 허점을 찾아 예상되는 세금효과에 따라 거래를 구성(tax structuring)하기 위해서는 전문적인 지식이 필요하다. 따라서 세금 구조화 서비스에 쉽게 접근할 수 있는 고소득층에게 ATP의 기회가 편중된다. 재벌그룹과 다국적 대기업들은 창의성을 발휘한 조세회피 전략을 끊임없이 개발하고 있으며, 각종 조세회피 수단(tax sheltering)이 절세상품이라는 이름표를 달고 자산가들에게 판매된다. 소액의 현금매출 신고를 누락한 자영업자는 탈세자(tax evaders)이지만, 금수저를 물고 태어난 자식에게 부를 대물림하면서 합법의 경계를 확장하여 세금을 줄이는 재벌은 조세회피자(tax avoiders)이다.

8) 한편, 공익에는 전혀 관심이 없고 사익만을 추구하는 사람들(다음 장의 주인공들)은 절세와 탈세의 경계를 구획하는 것조차 무의미하다고 생각한다. 이들에게 적발 가능성이 없는 탈세는 절세와 다를 바가 전혀 없다. 따라서 ATP의 정당성에 대한 논쟁이 왜 논쟁거리가 되는지조차 이해하지 못할 가능성이 크다.

조세순응의 다면성

조세시스템은 물리적·제도적 인프라와 같은 물질적 차원과 납세자와 세무대리인, 세무당국의 관계, 조세지식, 조세정책과 같은 사회적 차원으로 이루어진 사회-물질적 집합체(socio-material assemblage)이다.[9] 조세시스템에는 다양한 행위 주체가 참여하고 있다. 시스템이 잘 작동하려면 우선 시스템을 잘 설계해야 한다. 따라서 조세입법에 직·간접적으로 관여하는 입법기관과 정부관료의 역할이 매우 중요하다. 현실의 조세실무를 수행하는 과정에는 납세자와 세무대리인, 세무조사관 등이 행위 주체로 참여한다.

본서는 조세순응(tax compliance)을 '조세시스템의 건전성(integrity of tax system)을 유지하는 데 기여하는 조세행동'으로 정의한다. 납세순응(taxpayer compliance)이란 조세시스템에 순응하는 납세자의 행동을 의미한다. 조세순응의 달성에 필요한 역할과 기능이 여러 기관과 주체에게 분배되어 있음을 고려한다면 납세순응과 조세순응은 개념적으로 엄밀하게 구분될 필요가 있다.

납세자 행동은 세무계획을 수립하는 단계와 납세의무를 이행하는

---

9) Boll, K. (2014). Mapping tax compliance: Assemblages, distributed action and practices: A new way of doing tax research. Critical Perspectives on Accounting 25(4): 293-303.

단계로 구분된다. 납세의무의 이행은 다시 신고의무의 이행과 납부의무의 이행으로 세분화할 수 있다. 실무에서는 “신고순응”과 “납부순응”의 개념에 상응하는 “성실신고”와 “성실납부”라는 용어가 흔히 사용된다. 납세불응(taxpayer noncompliance)은 신고불성실과 납부불성실로 나뉘고, 신고불성실은 다시 무신고와 과소신고로 나뉜다.

납부불응은 확정된 세금의 납부를 제때 이행하지 않는 행위이다. 고의적인 세금체납은 의도적인 납부불응이다. 재무적 곤경에 빠져 세금을 낼 수 없는 납세자도 더러 있지만, 재산을 은닉하면서 세금을 내지 않는 체납자들도 있다. 국세청과 행정안전부는 고액·상습체납자의 명단을 매년 홈페이지에 공개하고 있다.

납세불응은 납세자의 고의 또는 과실 유무에 따라 사전에 의도한 납세불응과 사전에 의도하지 않은 납세불응으로 나뉜다. 통상적으로 탈세는 행위의 위법성에 대한 인식을 수반하는 의도적인 납세불응을 지칭한다. 회계적 관점에서 탈세는 세금을 줄이기 위하여 고의적으로 세무이익을 축소하여 보고하는 역분식에 해당한다.[10] 이에 반하여, 착오에 의한 무신고·과소신고는 의도하지 않은 납세불응에 해당한다. 납세불응이 발각되면 세금이 추징되고 가산세를 부담해야 한다는 점에서 비의도적 납세불응과 탈세는 공통점을 지닌다. 그러나 현상의 이면에 놓인 행위의 동기와 성격은 매우 다르기 때문에 비의도적 납세불응과 탈세를 혼용하는 것은 바람직하지 않다.

조세채무의 불확실성에 따른 비의도적인 납세불응이 발생하는 구

10) 회계부정(accounting fraud)은 분식회계와 역분식으로 나뉜다. 분식회계란 경영자(내부자)와 외부정보이용자 간의 정보 비대칭 상황에서 경영자가 의도적으로 이익을 부풀려 보고하는 행위를 말한다. 반대로 역분식은 횡령, 비자금 조성, 탈세 등의 목적으로 이익을 축소하여 보고하는 것을 의미한다.

조적인 이유는 크게 두 가지로 나뉜다.

법령 해석의 차이: 구체적인 사실관계에 어떤 법령을 적용할 것인지의 문제
사실판단의 차이: 사실관계를 어떻게 확정할 것인지의 문제

납세불응은 두 가지 양상으로 펼쳐진다. 과소순응(under-compliance)은 법에 따라 납부할 세액보다 과소신고·납부하는 경우를 말한다. 과소순응임이 사후적으로 밝혀지는 경우에는 세액이 추징되고 가산세를 부담해야 한다. 세무대리인의 부주의나 착오에 따라 납세불응이 발생하더라도 세법상 의무불이행에 대한 책임은 납세자가 져야 한다. 납세자와 세무대리인 간에는 위임사무에 관한 민·형사상의 책임 문제가 뒤따를 뿐이다.

과다순응(over-compliance)은 법정 납세의무를 초과하여 과다신고·납부하는 경우를 지칭한다. 납세의무자는 세무조사 및 가산세 위험을 회피하기 위한 전략으로서 과다순응을 선택하기도 한다. 아래 기사는 의도적인 과다순응을 유발하는 조세상황을 예시하고 있다.

유명 연예인 탈세사건 사라진 이유?… 세금 더 낸다[11]

인기 아이돌 A걸그룹(20대)과 10년 이상 정상을 지키는 방송인 B(40대)씨는 분야와 나이, 성별이 다르지만 공통점이 하나 있다. 원래 낼 소득세보다

11) 서울신문, 2019. 12. 10. https://www.seoul.co.kr/news/2019/12/11/20191211023013

세금을 더 많이 낸다는 점이다. 코디네이터를 비롯한 스태프들의 인건비뿐 아니라 차량 유지비, 옷값, 밥값 등을 일일이 비용으로 처리하지 않고 소득 신고를 한다. 소득에서 비용을 빼면 세금을 덜 낼 수 있지만 이를 마다하는 것이다. 또 수입과 지출 목록을 장부에 빽빽이 적어 놓았음에도 이 장부를 국세청에 제출하지 않는다. 사업자는 장부가 없으면 소득세액의 20%를 '무기장 가산세'로 내야 하는데, A그룹과 B씨는 일부러 가산세까지 물고 있다.

연예계와 연예인 담당 세무사들에 따르면 최근 일부 고소득 연예인들이 이런 방법으로 소득세를 더 내고, 가산세도 납부하고 있다. 연예계 관계자는 "요즘 최정상급 연예인의 탈세 사건이 터지지 않는 이유"라면서 "탈세 의혹에 휩쓸리면 연예인 생명이 끝나거나 어렵게 쌓은 깨끗한 이미지가 한순간 사라지기 때문"이라고 귀띔했다.

일부 연예인들이 쓰는 이 방법은 장부를 기준으로 소득세를 신고하지 않고 국세청이 업종에 따라 정한 '기준경비율'을 적용해 세금을 내는 방식이다. 기준경비율이란 장부를 적지 않은 사업자의 소득 중 일부만 사업 관련 비용으로 인정하는 제도다.

연예인 기준경비율을 보면 가수는 14.4%, 배우 12.1%, 모델은 9.9% 등이다. 서울 강남에 사무실이 있는 한 세무사는 "예를 들어 가수 C가 연 10억원을 벌어 5억원을 관련 비용으로 썼다면 원래 소득에서 비용을 뺀 5억원에 대해서만 소득세를 내면 된다"며 "하지만 기준경비율을 적용하면 1억 4400만원만 비용으로 인정돼 소득이 8억 5,600만원이 된다. 소득세도 많아지고 세액의 20%를 가산세로 내야 해 상당한 손해"라고 설명했다.

ATP는 납세순응인가? 조세회피의 연속선상에서 의도적인 납세불응의 범주를 설정하는 일은 순응행동을 평가하는 잣대를 어떻게 설정할지에 따라 달라진다. 수단의 합법성만 놓고 본다면 ATP는 납세순응이다. 의도한 조세회피의 효과가 사후적으로 부인될 수 있는 우발성에 초점을 두게 되면 잠재적 납세순응 또는 잠재적 납세불응에 해당한다. 따라서 성공한 ATP에 대해서는 창조적 순응(creative compliance)이라는 라벨을 붙일 수도 있다. 그러나 ATP를 통하여 드러난 빈틈을 메꾸는 세법 개정이 되풀이되면 법령의 양이 갈수록 많아지고 조세법의 체계는 더욱 난잡해진다. 입법의 취지를 존중하지 않고 조세시스템의 건전성을 훼손한다는 점을 고려한다면 ATP는 납세불응이라고 평가할 수도 있다.

4. 합리적 선택 이론

자연은 인류를 고통과 쾌락이라는 두 군주의 통치 아래 놓았다. 그들이 우리가 해야 할 일을 지적하고 우리가 무엇을 해야 할지를 결정한다.

– 제러미 벤담

탈세의 합리적 선택

신고납세 의무가 있는 합리적 경제인은 세무조사의 불확실성에 대응하여 어떻게 행동할 것인가? 세무당국의 과세인프라에 노출되지 않는 거래가 발생한 경우 납세자는 소득을 정직하게 신고할지, 일부 또는 전부를 누락하여 신고할지 선택의 문제에 직면한다. 개인의 소득세 탈세 의사결정에 관한 사회과학 연구는 대체로 앨링엄(Allingham)과 샌드모(Sandmo)의 탈세 모형을 출발점으로 삼는다.[1] 앨링엄과 샌드모의 기본 경제학 모형에 이자키(Yitzhaki)의 수정[2]을 거친 탈세의 경제학적 분석(ASY 모형)의 주요 가정은 다음과 같다.

소득정보의 비대칭성: 납세자는 자신의 진실한 소득을 알고 있지만, 세무당국은 납세자의 진실한 소득을 관찰할 수 없다.

세무조사의 불확실성: 세무조사는 전체 모집단의 일부에 대하여 무작위로 수행되며, 납세자는 세무조사 가능성을 확률적으로 정확히 예측할 수 있다.

세무조사의 완전성: 세무조사가 이루어지게 되면 세무당국은 진실한

1) Allingham, M. G., & Sandmo, A. (1972). Income tax evasion: a theoretical analysis. Journal of Public Economics, 1(3/4), 323-338.

2) Yitzhaki, S. (1974). A note on income tax evasion: A theoretical analysis. Journal of Public Economics, 3(2), 201-202.

소득을 확인할 수 있다.

기대효용의 극대화: 납세자는 자신의 기대효용을 극대화하려 한다.

납세자의 기대효용을 결정하는 모수는 다음과 같다.

Y : 납세자의 세전 총소득

t : 세율

p : 세무조사 확률

F : 가산세율

납세자가 자신이 스스로 선택할 수 있는 변수는 다음과 같다.

x : 신고한 소득

세후 순소득은 세무조사 여부에 따라 다음과 같이 두 갈래로 결정된다.

탈세가 적발되지 않는 경우: $Y - tx$

탈세가 적발되는 경우: $Y - tx - F(Y - x)$

ASY 모형은 경제적 합리성에 기초한 의사결정의 기준으로 기대효용 가설(Expected Utility Hypothesis)을 채택한다. 효용(utility)이란 최종 부의 상태(final state of wealth)에 대한 주관적 만족감을 의미한다. 최종 부의 상태가 여러 갈래로 존재하는 불확실성에 직면하는 경우 각 상태로부터 얻을 수 있는 효용을 각 상태가 발생할 확률을 가중치로 하여 평균한 효용의 기댓값(기대효용)을 계산할 수 있다. 따라서 탈세의 사전적 기대효용은 세무조사 대상이 되지 않는 경우의 효용과 세무조사로 탈세가 적발되는 경우의 효용을 각각의 확률로 가중평균한 값이다.

$$EU = (1-p)U[Y-tx] + pU[Y-tx-F(Y-x)]$$

기대효용 가설은 쾌락과 고통을 분리하여 잴 수 있고 정량적으로 비교할 수 있다고 상정하는 공리주의(功利主義; Utilitarianism) 사상에 기초한다. 쾌락을 편익으로 고통을 비용으로 대체하면 경제학적 비용편익 분석(cost-benefit analysis)이 된다.

ASY 모형을 비롯한 기본 경제학(standard economics)이 상정하는 인간의 본성은 다음과 같다.

> 이기적 동물: 인간은 사익추구에 전념하는 이기적인 동물이다. 따라서 경제적 유인(economic incentive)만이 인간행동을 좌우하는 데 유일하게 중요한 요인이다.
>
> 도구적 합리성: 인간은 이용가능한 정보를 모두 활용하여 대안을 합리적으로 비교·평가할 수 있는 계산능력을 가지고 있다.

기본 경제학의 적통을 계승하는 ASY 모형에서 납세자 행동를 지배하는 본성은 이기심이고, 경제적 합리성은 효용 극대화라는 목적을 달성하기 위한 도구이다. 납세자가 정직하게 소득을 신고하면 세무조사 여부와 관계없이 최종 부의 상태와 효용은 동일하다. 그러나 소득을 실제보다 과소하게 신고한 후 세무조사 대상에 선정되면 본세의 추징과 더불어 과소신고·납부한 세금에 비례하여 가산세가 부과된다. 따라서 납세자는 탈세로 인하여 얻을 수 있는 이득과 탈세가 발각되는 경우 부담해야 하는 손실을 견주어 최적의 소득신고 금액을 결정한다.

ASY 모형은 소득신고 의사결정을 수학적인 알고리즘에 따라 정답을 구하는 문제로 묘사한다. 납세자는 수리적인 최적화(optimization)의 과정을 거쳐 자신의 기대효용이 극대화되는 소득신고 탈루액을 최적의 탈세 규모로 선택한다. ASY 모형은 탈세행위를 투자의사결정의 일종으로 바라본다.[3] 납세자는 안전한 포트폴리오(소득을 정직하게 신고하고 세금을 납부하는 대안)를 선택하거나 위험한 포트폴리오(소득을 과소하게 신고함으로써 당장 낼 세금을 줄이되 탈세가 적발되는 경우 가산세 등 벌칙을 부담해야 하는 대안)들 가운데 어느 하나를 선택한다.

탈세를 통하여 얻을 수 있었던 이득을 포기하는 것은 성실납세의 기회비용(opportunity cost)이다. 따라서 적발 가능성이 없는 탈세 수단을 활용하지 않는 것은 경제적 손해를 감수하는 "비합리적인 행동"이다. 세무조사의 불확실성이 조성하는 탈세 도박(tax evasion gamble)에 얼마나 베팅할지는 납세자 자신의 재무적 위험회피 성향에 달렸다.

기본 경제학이 주창하는 "과학적 사고방식"은 뉴턴 패러다임(Newtonian paradigm or Newtonian mechanics)에 사상적 기반을 두고 있다. 뉴턴 패러다임이 암묵적으로 전제하는 과학적 이론의 특징은 다음과 같다.

> 간결함의 원칙: 여러 가지 이론적 대안이 존재하는 경우 최대한 적은 변수로 아주 많은 변량을 설명할 수 있는 모형이 우수하다.
> 운동의 법칙과 인과관계: 물리적 세계에서 사물의 운동을 지배하는 불변의 법칙이 존재하는 것처럼 인간행동을 결정하는 일반적인 법

3) Andreoni, J., Erard, B., & Feinstein, J. (1998). Tax compliance. Journal of economic literature, 36(2), 818-860.

칙과 인과관계를 발견할 수 있다.

비교정태분석: 변수 간의 인과관계를 선형으로 가정하고 "다른 모든 조건이 동일하다면(ceteris paribus)" 하나의 원인이 하나의 결과로 이어진다는 단편적인 접근방식을 채택한다.

〈표 3〉은 ASY 모형의 비교정태분석 결과를 정리한 것이다. 다른 조건의 변화가 없다고 가정하면 세무조사 확률이나 가산세율이 증가하는 경우 탈세라는 위험자산의 투자 매력도는 떨어진다. 따라서 탈세의 규모는 줄어들고 납세순응도는 높아질 것이다. 일반적으로 소득이 늘어날수록 위험회피 성향이 감소하고 위험자산을 선호한다고 가정하면, 소득이 증가함에 따라 탈세 규모가 증가하고 납세순응도는 하락할 것이다. 그런데 세율이 증가할수록 탈세가 줄어들어 납세순응도가 상승할 것이라는 예측은 직관적으로 이해하기 어렵다.

TABLE 3

ASY 모형의 예측

변수	납세순응에 미치는 영향	이유
적발확률(p)	(+)	세무조사 확률이 높을수록 탈세로 인한 기대 수익률이 감소하므로 소득신고율이 높아진다.
가산세율(F)	(+)	가산세율이 높을수록 탈세로 인한 기대 수익률 감소하므로 소득신고율이 높아진다.
세전소득(Y)	(-)	소득이 증가할수록 위험회피 성향이 감소한다고 가정하면 소득이 증가할수록 납세자가 위험을 감수할 의향이 더 커지게 되므로 소득신고율은 감소한다.
세율(t)	(+)	세율이 높을수록 안전한 세후 소득이 감소한다. 따라서 소득이 증가할수록 위험회피 성향이 감소한다고 가정하면 납세자가 위험을 감수할 의향이 더 작아지고 소득신고율은 증가한다.

ASY 모형에서 세율이 신고소득률에 미치는 양(+)의 영향은 가격효과와 소득효과로 구분할 수 있다. 첫째, 가산세는 탈루한 세액에 비례하므로 세율이 증가함에 따라 과소신고 적발 시 부담해야 하는 벌칙의 규모도 커지게 된다. 즉, 탈세 복권(tax evasion lottery)의 가격이 상승하여 구매량이 줄어든다. 둘째, 세율이 인상되면 납세자의 세후 순소득(기준점)이 전보다 감소하게 된다. 소득수준이 낮아질수록 위험회피 성향이 증가한다고 가정하는 경우 합리적인 납세자는 탈세 복권의 구매량을 줄인다. 그러나 현실의 데이터를 바탕으로 한 실증연구에서는 세율과 납세순응도 간의 관계가 양(+)으로 나타기보다는, 오히려 음(−)의 상관관계를 보이는 경우가 더 흔하게 발견되었다.[4)] 세율이 납세순응에 미치는 영향에 관하여 경제이론의 예측과 경험적 관찰이 체계적으로 어긋나는 현상을 이자키의 퍼즐(Yitzhaki puzzle)이라고 한다.

4) Kim, C. K., Evans, J. H., & Moser, D. V. (2005). Economic and equity effects on tax reporting decisions. Accounting, Organizations and Society, 30(7), 609−625.

범죄 경제학

ASY 모형은 세무조사의 불확실성에 직면한 개인 납세자의 소득신고 의사결정이라는 조세상황에 범죄 경제학(economics of crime) 이론을 적용한 것이다.[5] 게리 베커(G. Becker)는 개인의 무제한적 이기심과 도구적 합리성에 기초한 비용-편익 분석(cost-benefit analysis)을 인간행동과 사회제도 전반에 걸쳐 확대하였다.

결혼도, 출산도, 이혼도… 문제는 경제다[6]

사람은 사랑에 빠져 결혼하고 자녀를 낳는다. 그러다 결혼 생활을 지속하기 어려워지면 이혼하기도 한다. 대부분은 이런 삶의 경로를 '사랑'이라는 감정을 기반으로 설명한다. 그러나 미국의 경제학자 게리 베커(Gary Becker)는 가족경제학 이론으로 이를 설명한다. 그는 가정을 하나의 생산 단위로 간주하고 가계의 모든 결정을 가계 생산함수(house-hold production function)로 분석한다.

5) Becker, G. S. (1968). Crime and Punishment: An Economic Approach. Journal of Public Economics, 76(2), 169-217.

6) 이코노미조선, 2024. 10. 21. https://economychosun.com/site/data/html_dir/2024/10/18/2024101800039.html

베커는 결혼을 '각 개인이 상대방의 비교 우위를 활용해 효용을 극대화하기 위한 경제적 계약'으로 설명했다. 혼자 사는 것보다 결혼해 함께 사는 것이 경제활동과 가사 노동, 육아 등을 수행하는 데 유리하기 때문에 결혼을 선택한다는 것이다. 사랑에 빠져서 결혼하는 것이 아니라 경제적 비용편익분석의 결과라는 것이다. 이혼은 '성격이 안 맞아서' 혹은 '배우자의 부정' 등으로 설명하기보다 결혼 생활의 비용이 편익보다 더 커진 것이 이유라고 분석한다. 베커는 출산도 경제적 의사 결정의 결과로 간주한다. 가계 생산함수에서 자녀는 효용을 높여주는 소비재적 측면과 생산량에 영향을 주는 투자재적 성격을 함께 가진다. 자녀가 정서적 기쁨을 주기도 하지만 노후 생활 보장에도 기여하기 때문이다. 농경시대에는 생산에 물리적 노동력인 자녀의 수가 중요했지만, 현시대에는 기술 수준이 더 중요해짐에 따라 적게 낳고 교육 투자를 늘리게 됐다. 저출산은 직접 비용만이 아니라 여성의 사회 진출이 활발해지면서 자녀 양육에 들어가는 시간과 돈의 기회비용이 높아진 것도 주요 원인이라고 설명한다.

범죄 경제학의 관점에서 벌금은 요금이다. 사람들은 부정행위로부터 기대할 수 있는 이득이 적발 시 부담해야 하는 손실을 초과하는 경우 범죄를 선택하게 된다. 최대지불용의(maximum willingness to pay)는 위험에 대한 주관적인 가치평가액이고, 벌칙은 적발 시 실제로 지불해야 하는 가격(price)에 상응한다. 세무조사 적발 시 부담해야 하는 가산세 등 벌칙이 최대지불용의보다 작은 경우 납세자는 탈세를 선택한다. 납세순응이란 탈세로부터 기대되는 쾌락에 견주어 적발 시 부담해야 하는 벌칙의 고통이 더 크다는 판단에 기초한 합리적 선택의 산물이다.

범죄 경제학의 일반 이론인 억제론(deterrence theory)은 비용-편익

분석에 기초하여 법규 준수(법적 순응)를 설명하는 이론이다. 억제론은 “사람들은 왜 법을 준수하는가”라는 질문에 대하여 “적발과 처벌에 대한 두려움” 때문이라고 응답한다. 처벌에 대한 두려움이 준법 행위의 유일한 동기이며, 부정행위는 하나의 선택 대안일 뿐이다. 합리적 경제인은 부정행위로 누릴 수 있는 이득이 비용보다 클 때 부정행위를 선택한다. 따라서 정책당국은 감시와 통제를 강화하고 불응에 대하여 값비싼 대가를 치르도록 하는 억지력을 확보해야 한다.

ASY 모형에서 납세순응이란 탈세의 적발위험 및 적발 시 부담해야 하는 비용을 고려한 합리적 선택의 산물이다. 적발될 확률이 증가하거나 적발 시 처벌의 규모가 커질수록 탈세로부터 기대되는 효용은 줄어든다. 납세순응을 유도하기 위해서는 납세불응의 기대손실이 탈루한 세금의 편익을 초과하도록 조세제도를 설계해야 한다. 즉, 탈세를 억제하기 위해서는 세무조사 빈도를 늘리거나 처벌을 강화해야 한다. 그런데, 세무조사는 행정자원이 많이 소요되므로 효율성을 추구한다면 세무조사 빈도를 늘리기보다 벌칙을 강화하는 편이 더 낫다.

억제론의 한계

경제적 억제론에 기초한 납세순응의 집행 패러다임(enforcement paradigm)은 납세자를 잠재적 탈세자로 상정한다. 탈세는 개인의 자유로운 선택이므로 납세불응에 대한 책임은 개인에게 귀속된다. 집행 패러다임은 납세자 행동의 이면에 놓인 동기와 태도를 고려하지 않으며, 의도하지 않은 불응과 탈세를 구별하지 않는다. 세법해석의 어려움, 세무신고절차의 복잡성에서 기인하는 납세불응에는 큰 관심을 두지 않는다.

처벌의 수위가 높아질수록 범죄율이 줄어들 것이라는 경제적 억제론의 예측과 달리 과도한 처벌은 범죄를 억제하는 효과가 별로 없고 오히려 그 반대의 결과를 초래한다는 주장도 존재한다. 범죄심리학 연구자들에 따르면 대개 범죄자들이 염려하는 것은 발각 가능성이지 처벌의 강도가 아니다. 범죄행위의 적발 가능성이 낮은 경우에는 처벌 수위가 아무리 높더라도 범죄를 제대로 억제하지 못한다. 억제 효과는 처벌의 엄중성이 아니라 처벌의 확실성에서 비롯된다.

억제론은 규제만능주의로 전락할 위험성이 있다. 제재는 양날의 검이다. 강압적 수단으로 공포심을 조장하는 억제 정책은 불신의 신호를 전달하면서 정책당국과 시민을 적대적 관계로 몰아넣는다. 투명성과 공정성이 확보되지 않는 집행은 불신을 키우며, 불공정하게 이루어진 가혹한 제재는 심리적 저항(psychological reactance)을 유발한다. 규제의 정당성이 확보되지 않으면 제재가 강화된 이후 오히려 불응이 증가하는 앙심효과(spite effect)가 발생할 수 있다.[7]

처벌을 극단적으로 강화하는 정책이 현실적으로 실현되기 어려운 또 다른 이유는 부패라는 부작용 때문이다. 가혹한 처벌 정책은 관료권력의 비대화를 수반한다. 처벌을 피하기 위한 뇌물과 청탁 등 권력형 비위에 대한 통제위험이 증가하면서 시스템이 부패할 가능성이 커진다. 시스템의 부패는 다시 집행의 불공정성에 대한 부정적 인식을 강화하고 반발심을 증폭시키는 악순환에 빠진다.

감시와 통제는 부정행위라는 사회적 질병의 근본적인 원인을 치유하는 해결책이 될 수 없다. 집행 패러다임은 합리적인 출발점은 될 수 있지만 바람직한 종착점은 되기 어렵다. 강압적인 수단에만 의존하기보다는 순응의 심리적 동인을 찾아 자발적인 순응을 유도하는 전략이 장기적으로 더욱 효과적일 수 있다. 억제력은 순응의 필요조건은 될 수 있으나, 충분조건이 되기는 어렵다.

---

7) Cullis, J., Jones, P., & Soliman, A. (2012). 'Spite effects' in tax evasion experiments. The Journal of Socio-Economics, 41(4), 418-423.

시장규범의 확산

시장과 가격을 통하여 사회적 문제를 해결하는 것이 최선이라는 믿음, 즉 시장 지상주의(market triumphalism)는 경제학적 합리성에 기초한 정책과 시장규범의 확산을 촉진하였다. Gneezy and Rustichini(2000)는 벌금제도의 도입이 부모들의 지각 행동에 미치는 영향에 관한 현장실험 연구를 수행하였다.[8] 실험이 진행된 이스라엘의 한 어린이집에서는 부모들의 지각으로 인해 보육교사들이 정시에 퇴근하지 못하는 불편함을 겪고 있었다. 연구자들은 어린이집의 협조를 받아 총 20주 동안 벌금제의 효과를 관찰하였다. 실험 개시 후 4주가 지났을 때 벌금제가 도입되었다. 그런데 6주가 지나면서 지각이 점차 증가하기 시작하더니, 7주에는 지각률이 벌금제 도입 이전의 2배까지 늘어났다. 16주에는 벌금제를 폐지하였다. 그러나 지각률은 벌금제를 도입하기 이전의 수준으로 회복되지 않았다. 연구자들은 벌금제의 도입이 지각을 억제하지 못하고 그 반대의 영향을 미친 이유를 다음과 같이 설명하였다.

> 벌금은 가격: 벌금제도가 도입됨으로써 지각을 하나의 서비스 상품으로, 벌금은 가격으로 인식하는 경향이 나타나게 되었다.

---

8) Gneezy, U. and A. Rustichini (2000). "A fine is a price." The Journal of Legal Studies(1): 1−17.

시장규범의 활성화: 관습이나 윤리라는 암묵적인 규범에 의해 규율되던 생활영역에 명시적인 시장규범이 자리잡았다.

비시장규범의 소멸: 비시장 규범을 몰아낸 자리에 일단 시장규범이 들어서면 비시장규범을 회복할 수 없다. 이러한 비가역성을 시장규범의 밀어내기 효과(crowding out)라고 한다.

합리적 선택 이론은 경제적 인간(Homo Economicus), 즉 이콘(Econ)이라는 인간관을 기초로 한다. 이콘은 자신의 이익만을 추구하는 이기적 본성과 도구적 합리성을 체화하고 있다. 이콘의 행위 규범은 자기 효용의 극대화이다. 따라서 이콘의 행동을 결정하는 유일하게 중요한 요인은 인센티브(incentive)이다.

합리적 선택론은 소비자 또는 투자자의 행동을 넘어서 인간의 사회적 행동, 관습, 제도 전반을 경제적 의사결정의 결과물로 해석한다. 마침내 게리 베커는 아이를 갖는 부모의 선택은 냉장고와 같은 내구성 소비재를 구매하는 의사결정과 본질상 다를 바 없다고 주장하기에 이르렀다. 경제학 이론이 생산과 소비, 저축과 투자를 넘어 결혼과 출산, 범죄에 이르기까지 사회과학 전반에 걸쳐 위세를 떨치며 정책에 광범위하게 영향을 미치는 현상에 대하여 경제학 제국주의라는 비판이 등장하기도 하였다.

경제학 제국주의의 시대…경제학은 어떻게 우리의 삶을 지배하는가?[9]

이 책(『경제학은 어떻게 권력이 되었는가』, 조너선 앨드리드 지음)에서 저자는 완벽한 합리성과 효율적인 사고방식을 강조하는 경제학적 개념이 경제학을 뛰어넘어 인간의 사고방식과 일상으로 파고들며 우리의 삶과 문화를 바꾸고 타락시켰다고 주장한다. 그 결과 우리는 무임승차를 영리한 행동이라 여기게 되었고, 생명의 가치를 생산성으로 측정하는 것은 당연한 일이 되었으며, 세계화된 사회에서 불평등이 심화되는 것은 불가피한 현상이라는 믿음을 갖게 되었다. 이처럼 지난 수십 년에 걸쳐 우리가 삶의 기준으로 삼는 사상과 가치를 이해하는 방식은 서서히 그리고 교묘하게 변화했다. 한마디로 경제적 가치가 도덕적, 윤리적인 기준을 압도하는 사회가 되어버린 것이다.

이 책은 경제학에서 비롯되어 은연중에 우리 상식이 되어버린 모든 개념들을 조목조목 반박하며 경제학이 얼마나 우리의 사고방식과 생활을 타락하게 만들었는지를 설명한다. 가령 1850년대 위스콘신에서 '돈을 내지 않고 기차를 타는 행위'를 뜻하는 표현으로 처음 사용된 무임승차가 어떻게 학계의 은어에서 일상의 언어로 바뀌며 결국 영리하고 현명한 행동으로 여겨지게 되었는지를 설명한다.

9) 대학지성 In&Out, 2020. 5. 24. http://www.unipress.co.kr/news/articleView.html?idxno=1284

호모 이코노미쿠스의 번성

시장 지상주의와 경제학 제국주의는 이콘의 번성을 떠받치는 주춧대 역할을 수행하고 있다. 합리적 선택론은 무도덕(amoral)한 극단적 이기주의를 인간행동의 표준으로 삼는다. 이콘은 도덕에 대한 개념 자체가 없다. 따라서 자신의 선택이 미칠 사회적 영향에 대하여 죄책감이나 양심의 가책을 느끼지 못한다. 적발되지 않거나 적발 시 제재가 빈약하다면 무임승차는 언제나 "합리적인 행동"이다. 자신의 이해관계에만 충실한 이콘의 결과지상주의는 수단의 위법성을 쉽게 정당화할 수 있다.

이콘에게 쾌락이란 물질적 부와 소비의 단조증가 함수이고, 삶의 유일한 목적은 자신의 쾌락을 극대화하는 것이다. 자신에게 쾌락을 가져다준다면 그 원천이 무엇인지는 중요하지 않다. 세상과 타인이란 자신의 이기적 욕망을 충족시키는 도구에 지나지 않는다. 이콘은 상품화 과정을 통해서만 외부 세계와 관계를 맺는다.

이콘의 가치관을 삶의 신조로 받아들인 사람들은 오직 자신의 경제적 이익(금전)과 정치적 이익(권력)에만 관심을 둔다. 그들에게 도덕과 명예, 우정과 사랑은 공허한 말장난이거나 파렴치한 위선일 뿐이다. 법이란 자신들에게 유리한 식으로 작용할 때만 공정하고 시스템은 자신의 기득권을 보장하는 범위 내에서만 정의롭다. 후안무치와 내로남불은 이콘의 합리적인 전략이다.

인간의 행동은 금전적 유인뿐만 아니라 타인에 관심, 공정성, 이타주의, 상호성, 공감, 동정, 신뢰, 죄책감, 수치심, 일체감 등 여러 가지 심리적 요인의 영향을 받는다. 특히, 가치관이나 신념은 개인뿐 아니라 집단 수준의 행동에 큰 영향을 미친다. 사람들이 어떤 신념을 가지고 그에 따라 행동하면 예상이 현실로 실현될 가능성이 커진다. 이를 자기 실현적 예언(self-fulfilling prophecy)이라고 한다. 인간은 이기적인 쾌락을 좇는 기계이며 계산능력이 발달한 동물에 불과하다는 신념은 이기심을 부추겨 사람들이 더욱 이기적으로 행동하게끔 유도한다. 이기적 본능에 대한 신념이 이기적 행동을 유도하고, 이기적 행동이 보편화되면서 다시 이기심에 대한 신념을 강화한다.

이론은 현실을 개선하는 도구가 되어야 한다. 그러나 인간성에 대한 지나친 단순화와 일반화에 매몰된 이론은 도그마를 강화하는 수단으로 전락한다. 사회생활 관계에서 벌거벗은 이기심이 활성화되는 이유는 인간에게 이기심을 추구하는 본능이 있다는 '사실' 때문이 아니다. 그것은 인간이란 계산능력이 발달한 이기적 동물에 불과하다는 '신념'이 만연해 있기 때문이다.

5. 행동적 의사결정론

경제학 교과서에 등장하는 이콘(Econ)은 아인슈타인처럼 생각할 줄 알고, 슈퍼컴퓨터에 맞먹는 기억용량을 갖고 있으며, 간디와 같은 의지력을 발휘한다.

– 리처드 세일러

제한적 합리성

경제학 교과서에 등장하는 호모 이코노미쿠스(Homo Economicus)는 일상에서 흔히 마주치는 인간(Homo Sapiens)과는 매우 다른 방식으로 생각하고 행동한다. 이콘은 효용 극대화라는 목표를 달성하고자 이용가능한 모든 수단과 방법을 동원하여 최적의 대안을 찾겠다는 의지로 늘 충만해 있다. 그러나 인간은 대개 의사결정에 관련된 정보를 주의 깊게 고려하여 신중하게 판단하는 지적 활동에 인색하고, 의지력과 자기통제가 부족하여 쉽게 타성(inertia)에 빠진다.

합리적 선택 이론에 기초한 기본 경제학(standard economics)은 이콘을 대표적인 행위 주체로 상정한다. 이콘에게 선택 대안이란 많으면 많을수록 좋다. 그의 계산능력은 무제한적이라 대안이 많아질수록 자신의 효용을 개선할 기회가 더 많아지기 때문이다. 그러나 인간의 의사결정은 인지적 자원(cognitive resource)을 소모하는 활동이며, 정보를 수집하는 일조차도 인지적 비용(cognitive cost)이 든다. 정보의 양이 정보처리 능력을 초과하는 경우 인간은 인지 과부하(cognitive overload) 상태에 빠지게 된다. 인지적 자원의 제약과 인지능력의 한계로 인하여 인간은 선택지가 많아질수록 최적의 의사결정을 내리기 어렵다.

인지적 자원의 소모와 의사결정의 최적화는 상충관계에 놓인다. 따라서 인지적 자원을 절약하기 위해서는 일상적으로는 최적의 의사결정을 수행하지 않는 편이 더 낫다. 페이스북의 창업자 마크 주커버그(Mark Zuckerberg)는 매일 똑같은 색깔의 티셔츠를 입는 것으로 유명하다. 그는 매일 어떤 옷을 입고 아침에 무엇을 먹을지 결정하는 작은 일들에 소모되는 에너지를 절약하여 중요한 의사결정에 사용하기 위해서라고 그 이유를 밝혔다.[1] 마크 주커버그의 계획된 귀차니즘은 일상의 루틴을 단순화하여 인지적 자원의 소비를 절감하려는 전략으로 이해할 수 있다.

선택 대안이 많아질수록 자신의 선택을 후회할 가능성도 커진다. 선택 시점에 미처 고려하지 못했던 요인을 사후적으로 발견하게 되면 과거의 선택에 대하여 후회와 자책을 하게 된다. 선택 대안이 많을수록 기대치가 증가하고 자신이 내린 결정의 주관적 만족감이 감소하는 선택의 역설(paradox of choice)이 나타난다. 최선의 결과, 최적의 선택을 지향하는 태도는 완벽을 추구하려는 강박증으로 이어진다. 따라서 일상적으로 완벽을 추구하는 사람들은 대체로 불행한 삶을 살고 있을 개연성이 높다.

정책 제언의 타당성을 높이려면 사실에 입각한 이론을 구축해야 한다. 인간이란 자신의 효용을 극대화하고자 끊임없이 계산하는 존재라는 기본 경제학의 가정은 경험적인 타당성이 매우 빈약하다. 행동경제학(behavioral economics)은 기본 경제학의 예측에서 체계적으로 이탈하여 현실에서 반복적으로 관찰되는 현상을 설명하는 대안 이론으로서 행동적 의사결정론(behavioral decision theory)을 채택한다. 행동적 의사결정론은 인간의 정보처리와 판단에 영향을 미치는 인지적·정서적 요인을 강조한다. 따라서 인간의 인지적 한계를 고려하는 납세자 친화적인 조세

1) https://www.youtube.com/watch?v=bkHzvEnFsZ0

정책을 설계하는 데 유용한 시사점을 제공할 수 있다.

> 인지능력의 한계: 인간의 선택은 대안의 내용뿐 아니라 대안이 제시되는 방식, 의사결정이 이루어지는 상황과 맥락에 영향을 받는다.
> 계산능력의 한계: 인간은 선택 대안으로부터 기대할 수 있는 편익과 비용, 그에 수반되는 위험을 체계적으로 측정하는 데 어려움을 겪는다.
> 자기 통제력의 한계: 인간은 의지력과 통제력이 부족하여 최선의 대안을 결정하더라도 스스로 일관되게 실천하지 못한다.

인간의 선택은 합리적 계산이 아닌 직관과 감정에 좌우되는 경우가 많다. 어떤 감정이 발생하게 되면 그 감정이 유발된 상황과 전혀 관련이 없는 의사결정에 영향을 미치는 것을 프라이밍 효과(priming effect)라고 한다. Slovic 등(2007)의 사회적 협력에 관한 실험에 따르면 생면부지의 낯선 사람이 신장 이식이 필요한 환자에게 자기 신장을 떼어주었다는 사연을 듣고 실험에 참여한 집단이 인간의 악행과 도시의 잔혹성에 관한 이야기를 듣고 실험에 참여한 집단에 비하여 훨씬 더 협력적으

TABLE 4 기본경제학과 행동경제학

구분	기본경제학	행동경제학
의사결정 주체	이콘	인간
정보처리 능력	무제한 계산능력	인지적 과부하
의사결정 기준	효용 극대화	이유 있는 선택, 부정적 감정의 극소화 등
의사결정 도구	수리적 최적화	휴리스틱

로 행동하였다.[2] 이 실험은 긍정적인 감정의 자극이 사회적 딜레마 상황에서 친사회적 행동을 유도하는 데 영향을 미칠 수 있음을 시사한다. 반대로 '세금폭탄'과 같은 감정적 언어를 사용하는 것은 정책의 내용보다 표현 방식 자체로 공포와 분노를 유발하는 정서적 점화(emotional priming) 전략이다.

ASY 모형에 등장하는 납세자는 세무조사 위험을 객관적으로 평가하여 기대효용을 극대화하는 최적 규모의 탈세 수준을 계산할 수 있다. 그러나 현실의 납세자들이 세무신고 의사결정에 필요한 정보들을 충분히 활용하여 수리적 최적화를 수행할 것이라는 가정은 현실적으로 타당성이 극히 낮다. 예컨대 세무조사 확률에 대한 주관적 판단은 세무신고 상황의 맥락에 따라 달라질 수 있다. Mittone(2006)은 세무조사 수감 직후에 체계적으로 납세순응도가 감소하는 패턴을 발견하고 그 이유를 실험참여자들이 세무조사 수감 직후에 자신이 연속하여 세무조사 대상에 선정될 주관적 확률을 낮게 평가하기 때문이라고 해석하였다.[3] 제2차 세계대전 당시 적군의 폭격이 있을 때 군인들은 폭탄이 같은 장소에 연달아 떨어질 수 없다는 믿음으로 포탄 구덩이로 피신하였다. 이처럼 세무조사 대상에 선정된 직후 세무조사 확률에 대한 판단이 달라져 신고순응도가 감소하는 현상을 포탄 구덩이 효과(bomb crater effect)라고 한다.

2) Slovic, P., Finucane, M. L., Peters, E., & MacGregor, D. G. (2007). The affect heuristic. European Journal of Operational Research, 177(3), 1333–1352.

3) Mittone, L. (2006). Dynamic behaviour in tax evasion: An experimental approach. The Journal of Socio–Economics, 35(5), 813–835.

휴리스틱과 편향

인간은 대개 적절한 판단에 필요한 모든 정보를 중립적으로 활용하지 않는다. 휴리스틱(heuristic)이란 인지적 자원의 제약과 인지능력의 한계에 직면할 때 문제를 효율적으로 해결하는 심리적 지름길(mental shortcut)이다. 인간은 복잡한 상황을 간단한 법칙(rule of thumb)으로 단순화시킴으로써 압도적인 양의 정보에 신속하고 효율적으로 대응한다. 어떤 대상을 충분히 검토할 시간이나 인지 자원이 부족할 때 휴리스틱을 활용하면 판단과 결정의 효율성을 높일 수 있다.

대표성 휴리스틱: 사람들은 정보를 모두 활용하지 않는다. 어떤 대상으로부터 대표적이고 선형적인 패턴이 관찰되는 경우 기존의 고정관념 또는 편견에 비추어 대상을 판단한다.

이용 가능성 휴리스틱: 사람들은 정보를 중립적으로 활용하지 않는다. 사람들이 사건이나 대상을 평가할 때, 기존 신념에 부합하거나 자신이 기억해내기 쉬운 정보를 선택적으로 활용한다.

휴리스틱에 과도하게 의존하게 되면 판단의 체계적 오류, 즉 인지적 편향(cognitive bias)이 발생한다. 예컨대 초두효과(primary effect)란 사람들이 처음에 제시된 정보로 일단 기준점을 설정한 다음 후속 정보들을 체계적으로 과소평가하는 인지적 편향을 말한다. 대표성 휴리스틱과 이용 가능성 휴리스틱은 후광효과(halo effect) 또는 악마효과(devil effect)를 낳는다. 어떤 사람이나 대상에게 돋보이는 장점이 하나 있다면 다른 특성들도 긍정적으로 평가하거나 부정적인 특성을 과소평가한다. 반대로 어떤 사람에게 두드러진 단점이 발견되면 다른 특성들도 부정적으로 평가하거나 긍정적인 특성을 과소평가한다.

휴리스틱을 사용할 때 흔히 나타나는 인지적 편향은 다음과 같다.

확증 편향(confirmation bias): '보고 싶은 것만 보고 듣고 싶은 것만 듣는' 편향. 자신의 믿음과 일치하는 증거를 그 믿음에 반하는 증거보다 더 높게 평가하는 경향이다. 사람들은 모든 정보를 편향 없이 고려하여 내린 판단에 기초하여 의사결정을 하기보다, 직관적인 판단을 통하여 내린 결론을 사후적인 정당화 과정을 통하여 합리화하는 경향이 있다. 조세상황에서 확증 편향은 세무 전문가들이 법령과 유권해석을 검색할 때 자신에게 유리한 증거를 수집하는 데 치중하는 편향으로 나타난다.

후견 편향(hindsight bias): '내 이럴 줄 알았다' 편향. 사후에 나타난 결과를 이미 안 상태에서 해당 사건이 발생할 수 있는 사전적 가능성을 과대평가하는 경향을 일컫는다. 납세자의 조세회피 의도를 판단할 때 사후적인 세금감면의 결과만을 두고 사전적인 조세회피 의도가 있었음을 단정하는 것은 조세상황에서 나타나는 후견 편향에 해당한다.

자기위주의 편향(self-serving bias): '내로남불' 편향. 자신에게 너그럽고 타인에겐 엄격한 잣대를 들이대는 이중성을 일컫는다. 탈세의 정당성에 대한 가치판단은 자기위주의 편향을 가질 수 있다. 즉, 탈세의 기회가 있거나 탈세를 경험한 사업소득자들이 근로소득자들에 비하여 탈세에 대하여 상대적으로 관대한 태도를 보일 수 있다. 현상유지 편향(status quo bias): '귀차니즘' 편향. 낯선 변화보다는 익숙한 현재 상태를 유지하려는 인간행동의 관성(inertia)을 의미한다. 세무신고 의사결정은 초기의 선택에서 이탈하지 않으려는 경향성이 있다. 따라서 기왕에 하던 방식대로 하는 게 마음이 편하다. 현상유지 편향은 디폴트 효과(default effect)를 낳는다.[4] 예컨대 소득세 신고 양식에 세무당국이 사전에 파악한 정보를 미리 채우면(미리채움 서비스) 착오에 의한 비의도적 과소순응을 예방할 수 있다.

조세부담은 과세표준과 세율에 영향을 받는다. 그런데 사람들은 조세부담에 미치는 영향을 평가할 때 과세표준보다 세율의 변화에 민감하게 반응하는 경향이 있다. Blaufus 등(2013)의 실험에 따르면 참가자들에게 세율 인상과 과세표준 감소를 무작위 순서로 제시하여 조세부담의 변화를 추정하도록 한 결과 세율에 대한 정보를 먼저 고려한 참가자들은 세부담의 변화를 실제보다 과대평가하였고, 과세표준의 변화를 먼저 고려한 참가자들은 세부담의 변화를 실제보다 과소평가하였다.[5] 이는 사람들이 세율의 변화를 정서적으로 더 두드러지게 인식(salience)하기 때문이다. 정부가 세수를 추가로 확보하기 위한 세제개편

4) 유럽의 일부 국가에서 사망 시 장기기증에 대한 동의 여부를 옵트인(opt-in)에서 옵트아웃(opt-out)으로 변경하자, 장기기증률이 현저하게 높아졌다. 그 이유는 사람들이 대체로 초기에 주어진 대안을 그대로 수용하려는 경향성이 있기 때문이다.

5) Blaufus, K., Bob, J., Hundsdoerfer, J., Kiesewetter, D., & Weimann, J. (2013). Decision heuristics and tax perception - An analysis of a tax-cut-cum-base-broadening policy. Journal of Economic Psychology, 35, 1-16.

을 할 때 법정세율을 높이는 것을 꺼리고 공제제도 개편을 통해 과세표준을 확대하는 것은 세율 인상에 민감하게 반응하는 납세자의 휴리스틱을 반영한 정책으로 볼 수 있다.

프레이밍

프레임은 세상을 보는 창이다. 실질적인 내용이 같더라도 문제를 어떻게 기술하느냐에 따라, 어떤 형식을 갖추었는지에 따라 대상에 대한 사람들의 주관적 인식은 달라질 수 있다. 자극 또는 상황이 제시되는 방식이 프레임을 설정하기 때문이다. '한국과 일본의 국가대항전 축구시합에서 한국이 완패를 당했다'는 '한국과 일본의 국가대항전 축구시합에서 일본이 완승을 거두었다'와 내용이 완전히 동일하다. 그러나 손실의 프레임으로 제시된 전자의 경우가 이익의 프레임으로 제시된 후자보다 더욱 강렬하게 감정을 자극한다.

실질적인 내용의 측면에서 차이가 없더라도 정보가 제시되는 방식에 따라서 주관적 평가와 선호가 달라지는 현상을 프레이밍 효과(framing effect)라고 한다. 세금 혐오(tax aversion) 편향이 발생하는 경우 동등한 다른 지출(수수료, 기부금 등)에 견주어 세금을 더욱 부정적으로 평가한다. 세금 혐오 편향이 있는 투자자들이 세후 수익률이 동일한 일반 채권보다 세금이 면제되는 채권을 선호하는 세금 혐오 프리미엄(tax aversion premium)이 발생한다.[6)]

정치인들은 조세에 대한 복잡한 논의를 단순한 프레임으로 전환하

6) Sussman, A. B., & Olivola, C. Y. (2011). Axe the tax: Taxes are disliked more than equivalent costs. Journal of Marketing Research, 48(SPL), S91–S101.

여 지지층을 결집하는 도구로 자주 활용한다.

증세 논쟁 틀짜기 효과[7)]

정부가 지난 21일 증세 카드를 꺼냈다. 고(高)소득자와 초(超)대기업이 타깃이다. 연소득 5억원 이상인 개인과 과세표준 2,000억원을 넘는 기업에 대해서는 세금을 더 물리겠다는 것이다. 그냥 증세가 아니라 '부자' 증세에 방점을 찍었다. '증세=나쁜 것'이라는 프레임을 깨기 위한 비책인 셈이다.

여기에 프레임 하나를 덧댔다. 이른바 '핀셋' 증세다. 증세 타깃을 수퍼리치로 한정한 것. 전체 국민의 0.08%, 전체 기업의 0.019%로 범위를 최소화했다. 일반 서민에게는 단 1원의 부담도 주지 않겠다는 말과 함께. '핀셋증세=수퍼리치증세=좋은 것'이라는 강고한 틀을 짠 것이다.

부자증세의 반대편에선 '징벌적 증세', '포퓰리즘 증세' 프레임으로 맞서고 있다. 부자에게 한정한 증세는 대중 인기영합주의에 다름 아니라는 것이다. 정책은 합리성과 타당성에 기초해야지 부자와 서민의 편 가르기 식이어선 안 된다고 지적한다. 야당 원내대표는 "전 세계적으로 법인세를 경쟁적으로 낮추는 상황에서 우리나라만 흐름에 역행하고 있다"며 '청개구리 정책'이라고 반발한다.

일단 기선은 핀셋 증세 프레임이 잡았다. 24일 리얼미터의 '대기업·부자 증세 방안에 대한 국민여론' 설문조사에 따르면 증세 찬성이 85.6%로 반대(10.0%)를 압도했다. 이런 흐름에 올라탄 여당 정책위의장은 부자증세를 놓고 "초우량기업이 국민에게 사랑 받을 수 있는 사랑과세, 부자들이 국민으로부터 존경받는 존경과세가 될 것"이라고 쐐기를 박았다.

---

7) 택스워치, 2017. 7. 24. https://www.taxwatch.co.kr/article/tax/2017/07/24/0020

휴리스틱을 사용하여 조세제도를 평가하는 경우에 프레이밍 효과가 발생한다. 자녀가 있는 사람에게 세액공제 혜택을 주는 것이나, 자녀가 없는 사람에게 세금을 무겁게 부과하는 것은 수학적으로 동일한 문제이다. 그러나 자녀가 있는 가계에 대한 혜택으로 프레이밍되는 경우와 자녀가 없는 사람들에 대한 불이익으로 프레이밍되는 경우 실질에 차이가 없더라도 조세정책에 대한 선호가 달라진다.

다음은 프레이밍 효과로 인하여 조세제도에 대한 선호가 역전되는 사례로서 토머스 셸링(Thomas Schelling)이 하버드 공공정책 대학원(Harvard Kennedy School)의 강의에 사용하였다.8)

Q1 자녀가 없는 가정을 기준으로 삼아 자녀수에 비례하여 세액공제를 해준다고 가정하자. 가난한 사람보다 부자에게 세액공제를 더 많이 적용해야 하는가?

Q2 자녀가 둘인 가정을 기준으로 삼아 자녀수가 부족한 가정은 세금을 추가로 내야 한다고 가정하자. 자녀가 없는 서민은 자녀가 없는 부자와 동일하게 세금을 추가로 내야 하는가?

세제상의 혜택 프레임으로 제시된 질문 1에 대하여 대부분은 'No'라고 대답하였다. 부자들에게 세금감면의 혜택을 더 많이 부여하는 제도는 불공평하다는 인식 때문이다. 그런데 같은 문제를 세제상의 불이익 프레임으로 제시한 질문 2에 대해서도 대다수는 'No'라고 대답하였다. 셸링은 두 질문에 동시에 반대하면 논리적으로 앞뒤가 맞지 않음을 지적했다. 즉, 첫 번째 질문에서 자녀가 있는 경우 가난한 사람이 부자

---

8) Schelling, T. C. (1984). Choice and consequence: Perspectives of an errant economist. Harvard University Press.

와 똑같은 (또는 더 큰) 혜택을 받아야 한다고 생각한다면, 두 번째 질문에서 자녀가 없는 경우 가난한 사람도 최소한 부자와 동일한 세금을 추가로 내야 한다고 응답해야 한다.

부자 3명과 서민 3명으로 구성된 국가를 가정해 보자. 〈표 5〉에서 제시한 것처럼 수강생들은 대부분 서민에게 주어지는 자녀세액공제가 부자보다 최소한 같거나 커야 한다고 평가하였다$(y \geq x)$. 국가 전체의 조세수입을 동일하게 유지하면서 2자녀를 기준점으로 하여 자녀가 없을 때 세금을 추가로 부담하는 것으로 가정하면 〈표 6〉의 문제로 전환된다. 자녀의 수가 2명에 미달하는 경우 가산세를 추가로 부담한다고 할 때, 조세정책에 대한 선호의 일관성을 유지하려면 무자녀 서민은 무자녀 부자와 최소한 같은 금액의 세금을 추가로 부담해야 한다고 응답했어야 한다. 그러나 대부분의 수강생들이 서민이 부자와 같은 금액의 가산세를 부담해서는 안 된다고 응답하였다$(y' < x')$.

TABLE 5 세액공제 프레임

구분	부자	서민
산출세액	100	30
자녀 세액공제	x	$y \geq x$
결정세액	100-x	30-y

TABLE 6 가산세 프레임

구분	부자	서민
산출세액	80	10
자녀 가산세	x'	$y' < x'$
결정세액	80+x'(=100-x)	10+y'(< 30-y)

〈표 7〉~〈표 10〉은 세액공제 대신 가산세가 적용되는 경우 정책의 선호가 역전되는 현상을 구체적으로 예시하였다.

TABLE 7 세액공제 프레임 - 부자

구분	부자1: 자녀 없음	부자2: 자녀 1명	부자3: 자녀 2명
산출세액	100	100	100
자녀 세액공제	(0)	(10)	(20)
결정세액	100	90	80
세부담 합계	270		

TABLE 8 가산세 프레임 - 부자

구분	부자1: 자녀 없음	부자2: 자녀 1명	부자3: 자녀 2명
산출세액	80	80	80
자녀 가산세	20	10	0
결정세액	100	90	80
세부담 합계	270		

〈표 9〉와 〈표 10〉에서 선호의 일관성을 유지하기 위해서는 서민에 대한 가산세 프레임에서 자녀 가산세가 부자와 적어도 동일한 수준으로(자녀가 없는 경우는 20, 자녀가 한 명인 경우는 10) 적용되어야 한다. 그런데 휴리스틱을 사용하면 서민들이 부자들과 동일한 세금을 추가로 부담하는 정책이 불공평하다고 느껴진다. 따라서 이익의 맥락(세액공제 프레임)에서 판단한 조세정책에 대한 선호를 손실의 맥락(가산세 프레임)에서도 일관되게 유지하기가 어렵다.

TABLE 9 세액공제 프레임 - 서민

구분	서민1: 자녀 없음	서민2: 자녀 1명	서민3: 자녀 2명
산출세액	30	30	30
자녀 세액공제	(0)	(10)	(20)
결정세액	30	20	10
세부담 합계	60		

TABLE 10 가산세 프레임 - 서민

구분	서민1: 자녀 없음	서민2: 자녀 1명	서민3: 자녀 2명
산출세액	10	10	10
자녀 가산세	<20	<10	0
결정세액	<30	<20	10
세부담 합계	<60		

연말정산 대란

근로소득세는 1역 년을 과세기간으로 하기 때문에 이듬해가 되어야 지난 1년 치 근로소득에 대한 총부담세액이 확정된다. 근로소득에 대한 원천세 예납액이 결정세액에 미달하는 경우 세금을 추가로 납부해야 한다. 반대로 원천세 예납액이 결정세액을 초과하는 경우 연말정산에서 환급을 받는다. 연말정산 환급이 이루어졌다는 것은 매월 급여에서 차감된 원천세의 합계액이 세법이 요구하는 1년 치 근로소득세보다 많았다는 것을 의미한다. 미리 세금을 많이 내고 나중에 차액을 돌려받는 것은 정부에게 차액 상당액을 대출해 주고 무이자로 상환받은 것과 경제적 실질이 동일하다. 반대로 연말정산에서 세금을 추가로 납부한 근로자는 상대적으로 과세이연의 혜택을 누렸다고 볼 수 있다. 그러나 현실의 근로소득자들은 대부분 연말정산 환급을 선호한다. 납세자들이 연말정산 환급에 만족함에 따라 근로소득에 대한 원천세가 체계적으로 과다징수되는 원천징수 이상현상(over-withholding phenomena)이라고 한다.[9]

우리나라 정부는 2013년 세법 개정 시 가처분소득을 늘려 소비를 진작시킨다는 경제정책의 일환으로 매월 급여에서 차감되는 원천세를

---

9) Jones, D. (2012). Inertia and overwithholding: explaining the prevalence of income tax refunds. American Economic Journal: Economic Policy, 4(1), 158-185.

낮추고 연말정산 환급액을 축소하는 정책을 도입하였다. 또한 근로소득 공제를 축소하고, 기존에 소득공제가 적용되었던 각종 지출에 대하여 세액공제를 적용하는 방식으로 소득세제를 개편하였다. 이는 소득세 공제감면제도 정비를 통하여 과세표준을 확대하는 간접적인 증세 전략이었다.

거위 깃털을 고통없이 뽑는 것처럼 창의적 방법으로 개선안 내놓은 것[10]

청와대 경제수석은 9일 전날 발표된 정부의 세제 개편안이 봉급생활자에게 '세금 폭탄'이 될 것이란 비판에 대해 "근로소득자를 때려잡기 위한 것이 아니라 상대적으로 소득이 많은 분이 결과적으로 세금을 더 많이 내게 하는 구조가 된 것"이라고 말했다.

'증세(增稅)를 하지 않겠다고 한 대선 공약 위반'이란 지적에 대해 "증세는 새로운 세목을 신설하거나 세율을 인상하는 것을 의미한다"며 "그런 의미에서 분명히 증세는 아니다"라고 했다.

그는 "대선 과정에서 공약 재원 마련 방법으로 지하경제 양성화, 비과세 감면 축소를 얘기했고 이번 세제 개편안이 바로 비과세 감면 축소"라며 "창의적 방법으로 개선안을 내놓은 것"이라고 했다. 특히 그는 프랑스 루이 14세 당시 세금 정책인 '세금을 걷는다는 건 거위가 고통을 느끼지 않도록 깃털을 살짝 빼내는 것'이라는 말을 인용하며 "명백한 세목 증가, 세율 인상은 경제 활력을 저해하는 걸로 보고 그런 게 아닌, 마치 거위에게서 고통 없이 털을 뽑는 방식으로 해보려고 한 게 이번 세법 개정안의 정신"이라고도 했다.

10) 조선일보, 2013. 8.10. https://www.chosun.com/site/data/html_dir/2013/08/10/2013081000245.html

TABLE 11

소득공제의 세액공제 전환 효과

구분	고소득 근로자	저소득 근로자
소득공제: 보험료 지출액	100	100
한계세율	45%(최고세율)	6%(최저세율)
A: 소득공제의 절세효과	45	6
B: 세액공제(지출액의 12%)	12	12
A-B: 소득공제의 세액공제 전환 효과	33(세부담 증가)	△6(세부담 감소)*

* 소득세 결정세액을 초과하는 세액공제는 없는 것으로 한다. 따라서 기존의 소득공제 적용 시 결정세액이 0이었다면 세액공제 전환에 따른 추가적인 세부담 감소 효과는 발생하지 않는다.

소득공제는 과세표준을 계산하는 단계에서 차감되므로 한계세율이 높은 고소득층에게 더 많은 절세효과를 가져다준다.[11] 〈표 11〉에서 제시한 바와 같이 세액공제가 적용된다고 가정하는 경우 고소득자는 소득공제 적용 시보다 절세효과가 줄어든다. 정부는 소득공제를 세액공제로 전환함으로써 고소득층의 세부담을 높일 수 있다. 저소득층의 경우 소득공제보다 세액공제가 유리하다. 그러나 저소득 근로자는 세액공제 전환에 따른 추가적인 절세효과가 발생하지 않는 경우가 많다.[12] 따라서 소득공제의 세액공제 전환은 법정세율을 인상하지 않으면서 추가적

---

11) 한계세율(Marginal Tax Rate)이란 기존의 상태보다 과세표준이 증가 또는 감소하는 경우에 적용되는 세율을 의미한다. 근로소득에 대한 법정세율은 최소 6%에서 최대 45%로 과세표준이 증가함에 따라 세율이 계단식으로 상승한다. 따라서 소득이 증가함에 따라 추가로 부담할 세금은 소득수준에 따라 달라진다. 마찬가지로 소득공제가 증가함에 따라(과세표준이 감소함에 따라) 누리는 절세효과 역시 소득수준에 따라 차이가 난다.

12) 연말정산 시 산출세액에서 각종 세액감면과 세액공제를 차감한 결과 결정세액이 0인(급여에서 차감된 원천세를 전부 환급받는) 경우 결과적으로 소득세가 면제되었다고 볼 수 있다. 2013년 기준으로 대한민국 근로소득자 가운데 소득세 면세자의 비율은 약 48%였으나 2023년 기준으로 약 33%까지 감소되었다.

으로 세수를 확보할 수 있는 효과적인 간접증세 전략이었다.

2013년 개정된 세법의 효과는 2014년 귀속 근로소득에 대한 연말정산 과정에서 한꺼번에 나타나게 된다. 2015년 초 연말정산 과정에서 원천징수 방식의 변화, 근로소득공제의 축소, 소득공제의 세액공제 전환 등의 효과가 혼재되면서 연말정산 환급액이 기대에 미치지 못한 사람들의 불만이 터져 나왔다. 특히, 예년과 같이 연말정산 환급을 기대하고 있었는데 오히려 추가로 세금을 납부해야 하는 상황을 이해하지 못하는(또는 이해하고 싶지 않은) 사람들이 격하게 울분을 토하기 시작했다. '유리지갑 월급쟁이들에 대한 세금폭탄'이라는 기사들이 미디어에 도배되면서 연말정산 결과에 대한 대중의 불만은 증폭되었고, 이내 정부에 대한 분노로 이어졌다. 극심한 조세저항에 정치적인 부담을 느낀 정부와 국회는 일정 소득 이하에 대한 각종 세액공제를 확대하는 내용으로 소득세법을 긴급히 개정하였고, 2015년에 개정된 세법을 2014년 귀속 근로소득에 소급 적용하도록 하였다. 이에 따라 기존의 연말정산을 재정산하여 세금을 환급하는 초유의 사태가 발생하였다.

순수하게 경제적인 관점에서 바라보면 환급세액은 정부에 대한 무이자 대출금을 회수하는 것이라 합리적 경제인이라면 환급을 꺼려야 한다. 그러나 소득세 과세기간, 과세표준 및 세액계산 구조에 대한 이해가 부족한 납세자들은 연말정산을 통한 세액 산출과정, 납부 또는 환급의 경제적 효과를 제대로 이해하기 어렵다.

연말정산에는 13월의 보너스라는 별칭이 붙어 있다. 일반 납세자들은 휴리스틱을 사용하여 연말정산 결과를 평가한다. 13월의 보너스라는 휴리스틱을 사용하는 납세자들은 연말정산 환급을 주관적인 이득으로 인식하게 된다. 직전 해의 연말정산 환급액에 견주어 환급을 기대하고 있는데 환급세액이 줄어들게 되면 주관적 이득이 감소한다. 나아가 연말정산을 통하여 세금을 추납하는 것을 주관적 손실로 느낀다. 현실 납세자들의 인지적 오류와 예상되는 행동반응을 제대로 고려하지 않은 조세정책은 불필요한 사회적 대혼란을 일으킨다.

6. 심리회계

나는 해외여행 중 공항 게이트 바로 앞에서 핫도그와 맥주를 먹다가 어처구니 없게 비행기를 놓치는 바람에 그날 계획했던 주요 일정을 다 포기해야 하는 매우 난감한 상황에 처했다. 그때 갑자기 이런 생각이 들었다. 아! 이 얼마나 값진 핫도그인가!

– 소설가 김영하

위험 선호의 비대칭성

프레이밍 효과가 발생하게 되면 실질적인 내용이 같더라도 대안이 서술되는 방식에 따라 위험을 대하는 태도가 달라진다. 이익 프레임에 직면한 개인은 일반적으로 위험을 회피하는 반면, 손실 프레임에 직면한 개인은 일반적으로 위험을 추구한다. 위험에 대한 선호의 역전 현상을 밝힌 유명한 실험은 다음과 같다.[1]

Q 방역 당국은 전염병에 대한 대책을 마련하고 있다. 최대 사망자는 600명으로 예상되지만, 방역 전략에 따라 사망자 수는 달라질 수 있다. 당신은 아래 A와 B 중에서 어느 대책을 선택하겠는가?

대안 A: 200명을 확실히 살릴 수 있다.

대안 B: 600명을 모두 살릴 수 있는 확률이 1/3이고, 아무도 살릴 수 없는 확률은 2/3이다.

이익의 맥락으로 제시된 상황에서 대다수는 대안 A를 선택하였다. 그런데 같은 질문을 아래와 같이 손실 프레임으로 재구성할 수 있다.

1) Tversky, A., & Kahneman, D. (1981). The framing of decisions and the psychology of choice. Science, 211(4481), 453–458.

대안 A′: 400명이 확실히 사망한다.

대안 B′: 아무도 죽지 않을 확률이 1/3이고, 600명이 사망할 확률은 2/3이다.

손실의 맥락으로 재구성된 상황에서 대다수는 대안 B′를 선택하였다. 대안 A와 대안 A′은 서술한 방식이 다를 뿐 방역 전략의 기대효과는 동일하다. 위험에 대한 선호가 역전되는 이유는 프레이밍 효과 때문이다. 사람들은 이익을 추가로 얻기 위해 감수해야 하는 위험과 손실을 회피하기 위해 감수해야 하는 위험을 서로 다르게 평가한다. 즉, 추가적인 이익을 기대할 수 있는 상황에서 위험을 수용하는 것에는 인색하지만, 손실을 회피할 수 있는 상황에 직면하는 경우 위험을 적극적으로 수용한다.

프레이밍에 따른 위험 선호의 역전 현상은 세무신고 상황에서도 나타날 수 있다. 소득을 탈루하는 대안을 주관적 이익의 증가로 인식하는 경우에 비하여 주관적 손실의 감소로 바라보는 경우 납세자는 탈세가 적발될 위험을 적극적으로 수용할 가능성이 크다. 따라서 세금 환급액을 추가로 늘릴 수 있는 상황(이익 추구 프레임)보다 세금 추납액을 줄일 수 있는 상황(손실 회복 프레임)에서 납세자들의 탈세 성향이 더욱 강하게 나타날 것이다. 그러므로 과다한 원천징수를 통하여 환급포지션을 유도하는 것은 세무공격성을 억제하는 유용한 정책 도구가 될 수 있다.[2)]

2) Schmidt, D. R. (2001). The prospects of taxpayer agreement with aggressive tax advice. Journal of Economic Psychology, 22(2), 157–172.

프로스펙트 이론

인간은 상태가 아니라 변화에 반응한다. 다시 말해, 사람들이 느끼는 쾌락과 고통은 최종 상태(절대적 수준)가 아니라 상태의 변화(상대적 차이)가 좌우한다. 200만원의 보너스를 기대하던 사람이 받는 100만원의 보너스와 보너스를 전혀 기대하지 않던 사람이 받는 100만원의 보너스는 객관적으로 동일한 가치를 가진다. 그러나 보너스에 대하여 두 사람이 느끼는 심리적 가치는 크게 차이가 난다.

카네만과 트버스키는 위험이 따르는 선택의 이면에 놓인 심리적 기제를 프로스펙트 이론(Prospect Theory)으로 체계화하였다.[3] 프로스펙트 이론은 위험을 수반하는 대안에 대하여 사람들이 어떤 방식으로 쾌락

TABLE 12 기대효용 이론 vs. 프로스펙트 이론

구분	기대효용 이론	프로스펙트 이론
이론의 성격	규범적(normative)	설명적(descriptive)
합리성의 가정	완전한 합리성	제한적 합리성
쾌락의 원천	절대적인 수준	상대적 변화
위험에 대한 선호	위험회피성향의 안정성	맥락에 따른 선호의 역전

3) Kahneman, D. and A. Tversky (1979). Prospect theory: An analysis of decision under risk. Econometrica 47(2): 263-291.

과 고통의 주관적 가치를 부여하는지, 손실의 회복을 위해서는 기꺼이 위험을 부담하면서도 불확실한 이익을 얻기 위한 위험부담은 왜 꺼리는지를 체계적으로 설명할 수 있다.

프로스펙트 이론의 정수는 〈그림 3〉의 가치함수(value function)로 표현할 수 있다.

FIGURE 3 가치함수

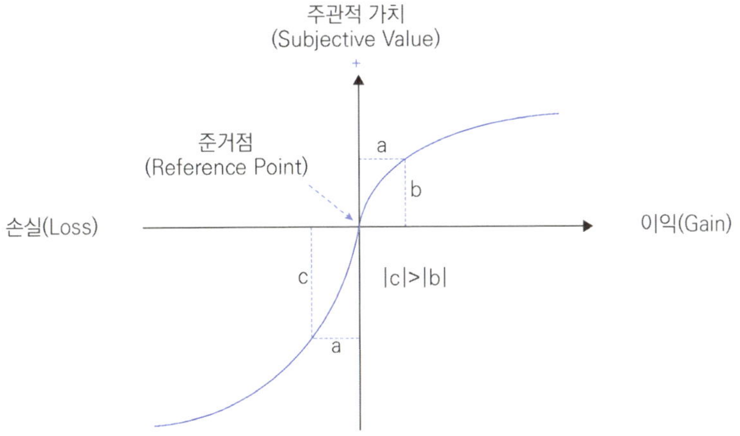

준거점 의존: 준거점(reference point)이란 심리적 기대수준이다. 이익 또는 손실에 대한 주관적 평가는 준거점에 의존한다.

손실 회피: 가치함수의 기울기는 준거점을 기준으로 오른편(이익구간)과 왼편(손실구간)이 비대칭적으로 나타난다. 이익으로부터 기대되는 만족감에 비하여 동일한 크기의 손실에서 기인하는 고통이 훨씬 크기 때문이다.

민감도의 체감: 주관적 쾌락과 고통의 민감도는 감소한다. 따라서

준거점으로부터 이격이 커질수록 가치함수의 기울기는 점점 완만해진다. 증분이익 또는 증분손실에 대하여 체감하는 추가적인 쾌락이나 고통의 크기는 점차 줄어들기 때문이다.

세무신고의 공격성은 이익 프레임 또는 손실 프레임에 따라 달라질 수 있다. 예컨대, 세전소득 100, 세율 10%, 세무조사 확률 20%, 가산세율 30%인 소득세 신고 상황을 가정해 보자. 세후 소득을 기준으로 대안을 평가하는 경우에는 이익 프레임에서, 세금 납부액만을 따져 대안을 평가하는 경우에는 손실 프레임에서 각 대안별 전망(프로스펙트)을 〈표 13〉으로 정리할 수 있다. 프로스펙트란 위험을 수반하는 선택 대안별 가치와 각각의 발생 확률을 대응시킨 것을 말한다. 예컨대 확실하게 90의 성과를 얻을 것으로 기대되는 대안은 (90, 1)로 표시하고, 80%의 확률로 100의 성과를 얻는 대신 20%의 확률로 60의 성과를 얻는 대안은 (100, 0.8 : 60, 0.2)로 표시한다. 프로스펙트 이론에 의하면 사람들이 납세를 확실한 손실로 보는 경우 공격적인 세무포지션을 선호하는 반면에, 이익의 감소로 보는 경우 보수적인 세무포지션을 선호할 것으로 예상할 수 있다.

납세자들은 대개 원천징수의 규모, 세액의 정산 과정을 구체적으로 분석하기보다는 간편한 휴리스틱을 이용하여 연말정산의 결과를 평

TABLE 13 프레이밍과 세무신고의 공격성

구분	이익 프레임	손실 프레임
대안 A: 완전순응	(90, 1)	(-10, 1)
대안 B: 완전불응	(100, 0.8 : 60, 0.2)	(0, 0.8 : -40, 0.2)
일반적으로 예상되는 선호	대안 A	대안 B

가한다. 연말정산 환급에 대한 기대치는 준거점을 형성하며, 기대에 미치지 못하는 환급은 주관적인 손실로 인식된다. 13월의 보너스라는 프레임은 준거점이 0(영) 이하로 내려가는 것을 막는다. 따라서 연말정산 추납은 급여의 회수(손실)로 인식되어 더욱 큰 심리적 고통을 유발한다. 연말정산 대란이 발생한 이유를 되짚어보면 정책당국은 납세자들이 연말정산으로부터 기대하는 정서적 이득(주관적 가치)을 과소평가하였다.

과다한 원천징수 현상이 발생하는 이유는 세무 실무와도 연관성을 가진다. 원천징수는 아주 큰 이익의 영역(세전급여)에서 이익이 조금 줄어든 것으로서 세금을 낸다는 사실이 두드러지지 않아 주관적 고통이 크지 않다. 세무 서비스는 특유의 전문성을 갖추고 있어 서비스의 품질을 직접 관찰하기 어렵다. 고객이 휴리스틱을 사용하여 세금 환급 규모로 서비스를 평가하는 경우 세무대리인은 의도적으로 환급포지션을 유도할 유인이 생긴다.

화폐의 비대체성

영화배우 더스틴 호프만은 무명 배우 시절 가까운 친구에게 월세가 모자란다고 하면서 자주 돈을 빌렸다. 어느 날 그 친구가 호프만의 집에 놀러와 보니 거실에 항아리가 여럿 놓여 있었다. 안이 텅 빈 항아리가 대부분이었지만 돈이 들어 있는 항아리도 몇 개 있었다. 돈을 가지고 있으면서도 왜 자꾸만 자기한테 돈을 빌리느냐고 핀잔을 주자 호프만은 그 돈은 쓸 곳이 따로 정해져 있다고 무심하게 대꾸하였다. 자세히 살펴보니 항아리에는 집세, 식료품, 교통비 등 각기 다른 라벨이 붙어 있었다.[4)]

이콘에게 돈의 가치는 동등하여 제한 없이 서로 대체가 가능하다. 그러나 인간의 마음속에서 돈은 꼬리표를 달고 다닌다. 사람들은 수입의 원천에 따라 돈에 대하여 서로 다른 가치를 부여한다. 따라서 땀 흘려 번 돈과 우연히 생긴 공돈을 대하는 태도가 다르다. 예상치 않은 공돈이 생기면 평소와 다른 사치를 부리지만, 어렵게 번 돈으로는 도박을 꺼릴 것이다. 세율 인상에 따른 자발적 소득신고율의 변화를 관찰한 Boylan과 Sprinkle(2001)의 연구에 따르면 실험 참가자들은 공돈이 생긴 경우에 비하여 노력해서 돈을 번 경우에 상대적으로 높은 납세순응

4) https://www.youtube.com/watch?v=t96LNX6tk0U

도를 보였다.[5)]

이콘은 과거에 발생하여 이미 돌이킬 수 없게 된 비용(매몰비용 sunk cost)을 의사결정에 고려하지 않는다. 그러나 현실에서는 이미 쏟아부은 돈과 시간과 노력이 아깝다는 이유로 경제적 타당성이 부족한 프로젝트를 중단하지 못하는 사람들을 흔히 목격하게 된다. 이를 매몰비용 효과(sunk cost effect)라고 한다. 도박꾼이 이미 잃은 돈은 이후 벌어질 게임에 참여할지 여부를 고려할 때 경제적으로는 아무런 관련성이 없다. 그러나 손해를 본 상태에서는 노름판을 떠나고 싶지 않은 욕구(손실회피)가 솟아나면서 도박의 위험을 더욱 적극적으로 수용한다. 이를 도박꾼의 오류(gambler's fallacy)라고 한다.

현실에서 사람들이 느끼는 주관적 만족감과 금전적·심리적 비용은 분절되지 않고 서로 영향을 주고받기도 한다. 무료로 관람할 수 있는 공연과 비싼 대가(금전, 시간, 노력)를 지불하고 관람한 공연이 주는 감동의 질감은 다르다. 작가 김영하는 공항 게이트 근처에서 핫도그와 맥주를 마시느라 간발의 차이로 비행기를 놓쳤다. 예정되어 있던 일정이 모두 취소되어 생긴 피해를 생각하며 그는 자신을 책망할 수도 있었다. 그 대신 "이 얼마나 귀한 핫도그인가"라며 자신의 실수를 합리화하면서 핫도그의 경험적 가치를 높게 평가하는 기지를 발휘하였다. 정신건강을 유지하기 위해서는 심리계정이 손실로 마감되는 것을 방지해야 한다. 이로써 돌이킬 수 없는 선택을 후회하거나 자책함으로써 불행에 빠지는 어리석음을 면할 수 있다.

---

5) Boylan, S. J., & Sprinkle, G. B. (2001). Experimental evidence on the relation between tax rates and compliance: The effect of earned vs. endowed income. Journal of the American Taxation Association, 23(1), 75–90.

정신적 회계

기업은 계정과목(accounts)을 설정하여 예산을 수립하고 지출을 통제하며 성과를 평가한다. 가계부를 작성하는 것도 가구 수준에서 경제활동을 측정하고 관리하는 명시적인 회계활동이다. 사람들은 지출의 계획과 목표에 따라 돈의 사용 방식을 통제한다. 저마다 마음속 셈의 갈래(심리계정)를 설정하여 암묵적으로 경제활동의 주관적 가치를 평가한다. 리처드 세일러가 정의하는 정신적 회계(mental accounting)란 '재무 활동을 조직·평가·추적하는 일련의 인지적 작업'을 말한다.[6)]

정신적 회계는 프로스펙트 이론에 기초한 주관적인 비용–편익 분석의 틀을 제시한다. 심리계정을 설정하는 것은 재무 활동을 평가하는 프레임을 설정하는 방식과 긴밀하게 연관되어 있다. 사람들이 주관적으로 손익을 평가할 때는 구체적인 상황이나 맥락에 따라 수 개의 활동을 하나로 통합하거나(mental integration) 별개로 분리(mental segregation)하는 편집 과정을 거친다. 예컨대 〈그림 4〉에서 예시한 것처럼 경제적으로 동일한 순가치(50)를 가지는 두 개의 대안을 250의 이익과 200의 손실을 별도로 인식하는 경우[$V(250)+V(-200)$]에 비하여 200의 손실을 250의 이익과 상계하여 한꺼번에 인식하는 경우[$V(250-200)$]에 느끼

6) Thaler, R. (1985). Mental accounting and consumer choice. Marketing Science, 4(3), 199–214.

FIGURE 4

주관적 손익의 정신적 편집

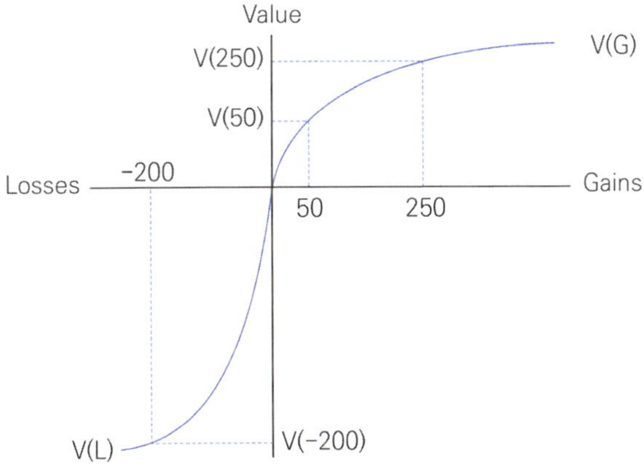

는 심리적 가치의 총합이 더 크다. 즉, $V(250)+V(-200)<V(50)$의 관계가 성립한다.

정신적 회계는 부가가치세 거래징수의 원리에 익숙하지 않은 자영업자들이 느끼는 납세의 주관적인 고통을 설명할 수 있다. 부가가치세가 과세되는 재화와 용역을 공급하는 사업자는 공급가액의 10%를 부가가치세로 거래징수하여 국가에 납부할 의무가 있다. 부가가치세 매출세액은 부채(예수금)이므로 당초부터 사업자의 소득을 구성하지 않는다. 그러나 회계지식이 부족한 사업자들은 부가가치세를 포함하여 수령한 공급대가 전부를 주관적 이익으로, 납부하는 세금을 주관적 손실로 인식한다. 처음부터 내 돈이 아니라고 생각하는 것과, 내가 번 돈의 일부를 다시 내놓는 것은 심리적으로 크게 다른 영향을 미친다.

Muehlbacher and Kirchler(2013)가 오스트리아 자영업자들을 대상으로 한 실험에 따르면 세무회계 지식이 납세순응에 관한 태도에 긍정적인 영향을 미쳤다. 부가가치세 거래징수의 원리를 아는 납세자들은 부가가치세 매출세액을 주관적인 이익으로 인식하지 않았지만, 거래징수 원리를 모르는 납세자들은 부가가치세를 포함한 공급대가를 이익으로 인식하고 부가가치세 납부를 주관적 손실로 인식하였다. 저자들은 VAT(Value Added Tax) 납세순응도를 높이려면 조세지식이 부족한 자영업자에 대한 세무회계 실무 교육이 강화되어야 함을 주장하였다.[7]

〈표 14〉의 사례에서 보는 바와 같이 정신적 회계가 기업회계기준과 일치하는 사람은 정신적 통합(mental integration)에 따라 $V(100)$의 가치를 인식하게 된다. 그러나, 정신적 회계가 기업회계기준과 다르게 작동하는 사람의 경우 정신적 분리(mental segregation)에 따라 $V(110)$의 가치와 $V(-10)$의 가치를 별도로 인식하게 된다. 프로스펙트 이론에 따르면 추가적인 이득의 쾌락보다 손실의 고통이 훨씬 크게 때문에 전자보다 후자가 납세의 고통을 더 크게 느끼게 된다.

소규모 자영업자나 중소기업 경영자들이 세무대리 서비스를 구매

TABLE 14 부가가치세의 정신적 회계

구분	기업회계기준=정신적 회계	기업회계기준≠정신적 회계
재화의 공급	(차) 현금 110 (대) 매출 100 VAT예수금 10	(차) 현금 110 (대) 이익 110
부가가치세 납부	(차) VAT예수금 10 (대) 현금 10	(차) 손실 10 (대) 현금 10
주관적 가치	V(100)	V(110)+V(-10)

7) Muehlbacher, S., Hartl, B., & Kirchler, E. (2017). Mental Accounting and Tax Compliance: Experimental Evidence for the Effect of Mental Segregation of Tax Due and Revenue on Compliance. Public Finance Review, 45(1), 118–139.

하는 주된 이유는 서비스에 대한 수수료(금전적 납세협력비용)를 지불하는 대가로 비금전적 납세협력비용을 절감할 수 있기 때문이다. 그런데 납세협력비용은 넓은 의미에서 조세부담의 일부로서 세금이라는 하나의 심리계정으로 조직되고 관리될 가능성이 있다. 이 경우 환급포지션에 놓인 납세자들은 서비스 수수료 지출을 환급세액이라는 이익으로부터 공제하여 주관적 이익의 감소로 인식할 수 있게 된다. 따라서 납세자들은 세금을 납부해야 하는 상황에 비하여 환급을 받을 수 있는 상황에 놓일 때 정신적 통합을 거쳐 세무 서비스 수수료 지출의 심리적 고통을 줄일 수 있다. 결과적으로 세무신고 서비스를 제공하는 세무대리인은 환급포지션에 있는 고객에게 서비스 수수료를 청구하기가 훨씬 수월해진다.[8)]

정신적 회계는 근로장려세제(EITC, Earned Income Tax Credit)의 운영 방식을 개선하는 데 시사점을 제공한다. 근로장려세제는 저소득 계층에 대한 근로 의욕을 높이고 생계 안정을 도모하기 위하여 가구별 근로소득의 수준에 따라 정해진 근로장려금을 지급하는 제도이다. 정부가 세금을 부과하지 않고 거꾸로 세금을 지급하기 때문에 부의 소득세(negative income tax)라고도 한다. 근로유인 효과를 제고하려면 장려금의 수급자가 근로장려금을 공돈(windfall money)으로 인식하지 않고 근로소득의 일부로 인식하도록 지급 방식을 개선할 필요가 있다. 예컨대 근로장려금을 월급에 포함하여 원천징수의무자를 통하여 지급하는 부의 원천징수(Negative Withholding)는 근로소득에 대한 수급자의 정신적

---

8) Jackson, S. B., Shoemaker, P. A., Barrick, J., & Burton, F. (2005). Taxpayers' prepayment positions and tax return preparation fees. Contemporary Accounting Research(2), 409−447.

회계에 영향을 미쳐 근로장려금을 근로의 대가로 인식하는 데 기여할 수 있다.[9]

9) 예컨대 영국의 보편적 신용제도(Universal Credit)은 실업수당·주거비 등 근로소득과 복지지원금을 통합하여 하나의 계정에서 지급한다.

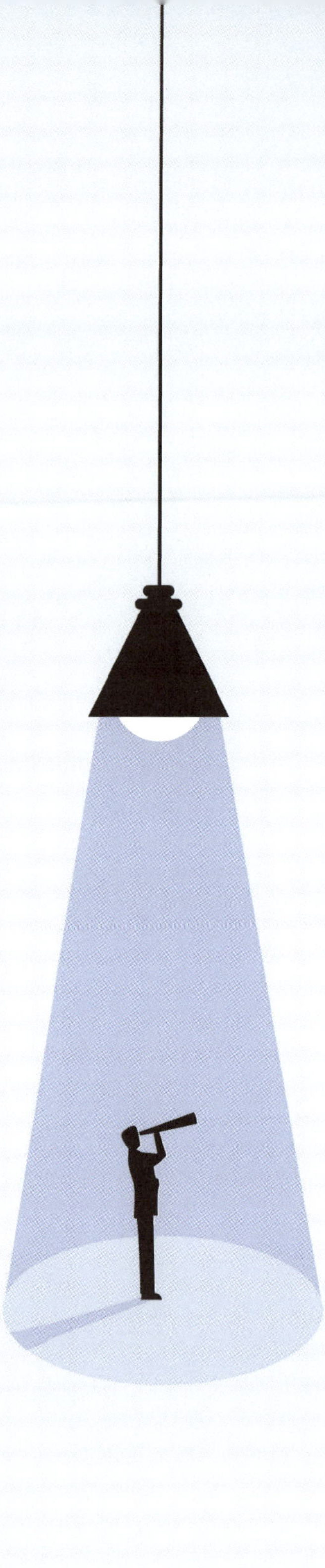

7. 조세에 대한 태도

생각하는 대로 살지 않으면 사는 대로 생각하게 된다.

– 폴 발레리

조세의 사회적 표상

현실은 객관적인 사실 그대로 존재하는 것이 아니라 주관적 체험과 의사소통 과정을 통하여 사회적으로 재구성된다. 사회적으로 재구성된 표상(사회적 표상)이란 특정 단체·조직·국가의 구성원들 사이에서 집합적으로 공유되는 신념을 말한다. 사회적 표상은 사람들이 익숙하지 않은 현상을 받아들이는 '인식의 틀'이자 새로운 정보를 수용하는 '판단의 준거'로서 기능한다.[1)]

자신이 알고 있다고 생각하는 지식은 대부분 직접적인 경험보다는 간접 체험과 반복적 의사소통을 통해 습득된다. 사회적 표상은 다양한 의사소통 채널을 거치며 집단의 구성원들 사이에서 공유되고 개인의 인식 체계에 영향을 미친다. 어떤 대상에 대한 인식과 평가가 반복적으로 교환되면, 객관적 사실과 무관하게 형성된 사회적 표상이 집단 내의 통념이 된다.

실정법과 법감정의 괴리는 대개 제도의 객관적 실체와 사회적 표상의 부조화에서 비롯된다. 확증편향이 강한 사람은 대상에 대한 정보를 중립적으로 활용하지 않는다. 어떤 대상에 대한 부정적인 신념과 태

1) Moscovici, S. (1984). The phenomenon of social representations. In R. M. Farr & S. Moscovici (Eds.), Social representations. (pp. 3-69). Cambridge University Press.

도가 일단 들어서게 되면, 나중에는 알아서 자기 신념에 부합하는 사실에만 주목하게 된다. 따라서 제도의 본질을 왜곡하는 사회적 표상의 실체를 밝혀 온전한 모습을 드러내는 일은 구체적인 정책을 마련하고 실행하는 것만큼, 어쩌면 그 이상으로 중요한 의미를 지닌다.

조세에 대한 인식과 태도는 사회적 표상에 큰 영향을 받는다. 조세법과 조세행정절차는 복잡하고 이해하기 어렵다. 따라서 납세자들은 실체법과 절차법에 대한 객관적 지식이 아니라 사회적 상호작용 과정에서 형성된 주관적인 믿음에 따라 조세상황을 재구성한다. 연말정산에 대하여 13월의 보너스라는 사회적 표상이 형성된 것이 대표적이다. 연말정산 제도의 본질을 왜곡하는 13월의 보너스라는 사회적 표상으로 인하여 연말정산 결과에 대한 불만은 연말정산 대란으로 이어졌다.

'세금폭탄'이라는 사회적 표상은 조세법의 적용이나 조세제도의 개편이 자신의 이해관계에 어긋나는 경우 정책을 비난하는 용도로 자주 활용된다. 자기위주의 편향이 강한 사람은 자신에게 불리한 정책을 불공정하다고 인식하는 경향이 있다. 자신들에 불리한 방식으로 세금 부담이 늘어나는 정책에 대하여 사람들은 '세금폭탄'이라는 딱지를 붙인다. 대중매체는 조세에 대한 부정적인 사회적 표상을 자극하여 정책에 대한 대중의 불안과 공포감을 증폭시킨다.

"세금이 아니라 벌금"… 종부세 폭탄에 민심 부글부글[2)]

"지난해보다 2배 넘게 올랐습니다. 이건 세금이 아니라 벌금이네요. 조세저항 운동이라도 해야 하는 것 아닌가요." 올해 종합부동산세 고지서가 발송되자 납부대상자들을 중심으로 불만이 속출하고 있다. 정부가 그동안 수차례 세부담 강화 조치를 취해온 만큼 이번 '종부세 폭탄'은 어느 정도 예견된 것이다. 하지만 막상 크게 늘어난 납부금액을 눈으로 확인한 주택 소유주들은 당황한 기색이 역력한 분위기다.

24일 부동산 업계에 따르면 종부세 고지서를 받은 주택 소유자들은 지난해에 비해 대폭 오른 납부금액에 크게 반발하고 있다. 부동산 온라인 커뮤니티에는 '조세저항'까지 운운하며 불만을 표출하는 글이 연일 올라온다.

서울에 2주택을 보유한 A씨는 "종부세가 2배 정도 올라 1,000만원이 나왔다"며 "자영업자라 신종 코로나바이러스감염증(코로나19) 때문에 장사도 제대로 못 하는데 올해는 세금만 내다가 끝나는 것 같다"고 말했다. 서울과 경기도에 시세 10억여 원대 2채와 7억 원대 1채 등을 보유하고 있는 B씨는 "올해 총 보유세가 900만 원 정도"라며 "세금폭탄을 맞아보니 집 가진 게 죄인가 하는 생각이 든다"고 말했다. 올해 공시가격이 인상된 데다 할인율 개념인 공정시장가액비율도 85%에서 90%로 조정된 만큼 신규 종부세 납부대상도 크게 늘었다.

문제는 내년부터 이 같은 종부세 부담이 더욱 커진다는 점이다. 내년에는 고가주택 보유자에 대한 종부세 최고 세율이 3.2%에서 6%로 오르는데다 공시

2) 아시아경제, 2020. 11. 24. https://www.asiae.co.kr/article/2020112411304180564

가격도 큰 폭으로 상승한다. 서울 용산구에 주택을 보유한 C씨는 "내년 종부세 걱정으로 잠을 못자고 있다"며 "정부가 등록임대사업자를 투기꾼으로 몰면서 세제혜택을 취소시켜 세금폭탄을 던지는데 어떻게 해야 할지 모르겠다"고 말했다.

청와대 국민청원 게시판에는 은퇴자와 1주택자에 대한 종부세 부과가 부당하다는 글까지 올라왔다. 청원인은 "은퇴하고도 종부세를 납부하려고 죽을 때까지 일해야 하느냐"며 "취득세, 재산세를 내고 팔 땐 양도세까지 내는데 종부세 부담이 너무 크다"고 호소했다.

조세 멘탈리티

세계관은 인간의 신념과 행동을 구조화하는 데 필수적이며, 대상을 판단하는 궁극적 기준을 제공한다. 세금을 바라보는 시각이나 사고방식은 문화적 규범, 경제 상황, 정부 정책, 개인적 경험 등 다양한 요인에 영향을 받아 개인마다 집단마다 크게 달라질 수 있다. 공동체가 공유하는 역사적 경험은 사회적 수준에서 세금에 대한 가치관(세금관)을 형성하는 데 큰 영향을 미친다. 요컨대 세금에 대한 태도에 차이는 조세 멘탈리티(tax mentality)에 따라 달라진다. 조세 멘탈리티란 개인 또는 집단의 조세에 대한 태도, 신념, 인식, 사고방식 등을 포괄적으로 지칭한다.[3]

조세 멘탈리티는 세금관 차이를 반영한다. 이콘에게 세금이란 직접적 반대급부가 없는 강제적 부담금이며, 납세란 개별적인 혜택이 없는 비자발적 지출이다. 그러므로 수단과 방법을 가리지 않고 세금을 피하려고 애쓰는 것은 합리적인 행동이다. 세무조사의 불확실성은 탈세라는 위험자산에 대한 투자 기회를 만들어 낸다. 적발가능성이 없는 탈세의 이득을 포기하는 것은 합리성이 결여된 행동이다.

납세에 대한 일반적 거부감은 심리적 저항(psychological reactance)

3) Schmolders, G. (1959). Fiscal psychology: A new branch of public finance. National Tax Journal, 12(4), 340−345.

이론으로 설명할 수 있다. 심리적 저항이란 개인이 통제감의 상실을 느낄 때 발생하는 반발심을 의미한다. 선택의 자유가 위협되거나 행동의 자기결정권이 침해되었을 때 심리적 반작용이 생겨난다. 세금이 사적 자치와 경제활동의 자유를 침해한다는 점을 부각시키면 세금에 대한 정서적 반감, 즉 정부에게 돈을 빼앗긴다는 부정적 감정이 강화된다.

반세금 정서(anti-tax schema)란 조세에 대한 반감과 조세정책에 대한 저항을 불러일으키는 신념, 태도, 인지적 틀을 포괄적으로 일컫는다. 부당한 조세에 저항한 역사적 경험에서 비롯된 집단적 트라우마는 모든 세금은 부도덕하다는 극단적인 신념체계를 형성한다. 세금으로부터의 자유를 일상의 자유와 연결하고, 납세를 거부하는 행위를 애국으로 여긴다. 18세기 미국에서는 보스턴 항구에 정착해 있던 동인도회사의 선박을 습격해서 배에 실려 있던 차(茶) 상자를 바다에 버리는 것이 애국적인 행동이었다. 《시민의 불복종(Civil Disobedience)》의 저자 헨리 데이비드 소로우(Herny David Thoreau)는 멕시코 전쟁과 노예제도 지원에 정부 예산이 사용되는 것에 대한 저항의 의미로서 납세를 거부하다 체포되었다. 세금은 약탈이며, 정부는 세금을 낭비한다는 신념은 탈세를 구국의 결단으로 승화시킨다. 탈세란 국가의 폭압에 맞서는 시민의 정당방위이다.

가난한 사람들은 왜 부자 증세에 반대하는가? 자유주의 이념을 신봉하는 사람들에게 세금이란 존재 그 자체가 필요악이다. 이들은 증세가 수반되는 복지 정책을 꺼리고, 작은 정부와 감세 정책을 선호한다. 조세를 통한 정부의 개입을 꺼리는 사람들의 정치 이념은 반세금 정서를 공통분모로 한다. 따라서 반세금 정서를 공유하는 저소득층이나 중산층이 자신들과 경제적 이해관계가 거의 없는 상속세나 법인세 증세에 반대하게 된다.

법과 정책은 그 자체로서 어떤 메시지를 전달하는 표현적 효과(expressive effect)를 지닌다.[4] 세수 증대라는 본래 목적이 아니라 특정 행위나 사실에 대한 제재의 수단으로 활용되는 규제적 조세는 사회적 비난의 메시지를 전달한다. 세금이 특정 행위를 비난하게 되면 일차적으로 그 행위와 직접 관련된 이해관계자들의 심리적 반발이 생겨난다. 그런데 규제적 조세에 대한 불만과 저항은 특정 집단이나 개별 세목에 한정되어 머무르지 않는다. 이는 반(反)세금 정서를 자극하여 세금에 대한 혐오와 조세정책 전반에 대한 대중의 분노를 확산시킨다. 분노와 혐오는 매우 강력한 감정이다. 조세에 대한 심리적 저항과 반(反)세금 정서를 고려하지 않고 세금을 규제의 도구로 남용하는 것은 정부 실패와 정권 교체로 가는 지름길이다.

4) McAdams, R. H. (2015). The expressive powers of law: Theories and limits. Harvard University Press.

면세 특권의식

민주적 정치체제가 역사에 전면으로 등장하기 전 조세제도는 대개 소수의 특권집단이 피지배층을 효율적으로 착취하는 데 봉사하였다. 징세청부제도(tax farming)는 정부가 직접 세금을 걷지 않고, 민간의 청부업자에게 세금의 징수 권한을 부여했다. 징세청부업자는 미리 정해진 금액을 정부에 지급하고, 초과 징수한 세금을 자신의 이익으로 취했다. 따라서 자기의 이익을 극대화하기 위해 고문, 감금 등 가혹한 수단의 사용도 서슴지 않았다. 인류 역사에서 오래 지속된 계급사회를 거치며 세금은 피지배층을 합법적으로 수탈하는 도구라는 강력한 집단적 표상이 형성되었다.

지배계급은 자신들을 피지배층과 구별 짓는다. 세금은 피지배층이 짊어져야 하는 부담이고 면세는 지배계급의 특권이다. 면세는 특권층이 자신들의 영향력을 강화하고 기득권을 공인받는 수단으로 널리 활용되었다. 면세 특권의식을 가진 사회적 특수계급은 세금을 내는 것을 비속한 행위로 여긴다. 고대 이집트의 상형문자를 해독하는 데 결정적인 역할을 한 것으로 알려진 역사적 유물 로제타 스톤(Rosetta Stone)에는 상형문자, 민중문자, 고대 그리스어로 같은 의미가 담긴 글귀가 새겨져 있다. 그 내용은 신전에 속한 토지와 재산에 대해 세금을 면제해 주겠다는 이집트 왕의 약속이다. 신전의 성직자들은 당대에 통용된 언어를 모두 동원하여 자신들에게 세금을 면제해준 이집트 왕의 위대한 업적을 세상에 널리 알리고자 했다.

우리나라 헌법은 사회적 특수계급을 인정하지 않는다. 그러나 법 위에 군림하면서 자신들의 사회적 지위를 남용하며 내로남불의 모범을 보이는 부류들은 엄연히 존재한다.

종교와 세금에 관한 논의에 앞서 먼저 과세단위를 명확히 구별해야 한다. 단체로서 종교기관에 대한 과세 문제는 단체의 구성원인 종교인에 대한 과세 문제와 별개이다. 종교단체에 대해서 세법은 그 활동의 공공성을 인정하여 다른 공익단체와 마찬가지로 다양한 비과세 특례를 적용한다. 예컨대 종교단체가 고유목적사업(종교활동)을 수행하는 과정에서 얻은 수입금액에 대해서는 소득세가 비과세된다. 따라서 종교단체는 그 단체에 소속 신자들이 단체에 낸 헌금에 대해서 세금을 납부할 의무가 없다. 종교인이 종교단체로부터 수령하는 금전(종교인 소득)에 대한 과세는 종교단체에 대한 과세와 전혀 다른 문제이다.

과거 우리나라의 경우 명확한 법적 근거 없이 오랜 기간 종교인 소득에 대한 비과세 관행이 유지되었다. 정부는 1968년에 처음으로 종교인 소득에 대한 과세 정상화를 추진하였다. 당시에도 이미 경제협력개발기구(OECD) 회원국 중 우리나라를 제외한 모든 국가가 종교인의 소득을 근로소득으로 과세하고 있었다. 그러나 세무당국은 종교인의 소득세 납세불응에 대하여 강제집행을 실행하지 않았다. 종교인 소득에 대한 세무조사나 강제집행이 종교에 대한 탄압으로 비화될 가능성 때문이라는 것이 유력한 가설이다.

종교인 소득에 대한 과세체계의 부조리는 점입가경에 이르게 된다. 일부 종교단체들은 국민개세주의 원칙(Universal Taxation Principle)[5]

---

5) 국민개세(國民皆稅)주의란 모든 국민은 적은 액수라도 세금을 내야 한다는 원칙을

과 선진국의 입법례를 존중하여 소속 종교인의 소득에 대하여 교단 차원에서 일괄적으로 근로소득세를 납부하였다. 교단 차원의 지침이 없음에도 일부 종교인들은 자신의 양심에 따라 자발적으로 근로소득세를 납부하였다. 이로써 종교인 소득은 세금을 내도 그만 안내도 그만인 지경에 다다랐다.

사회적·정치적 영향력이 큰 일부 종교인들이 소득세 납부를 거부한 논리는 비교적 단순하다. 종교인이 수행하는 종교활동은 노동이 아닌 성스러운 희생이며, 성직자는 근로자가 아니므로 성직자의 소득은 근로소득이 아니라는 것이다. 종교의식을 집행하는 행위를 여타의 비속한 근로와 동일하게 취급하지 말라는 주장은 면세 특권의식의 현대적 재림으로 이해할 수 있다. 그들은 정교분리의 원칙을 내세워 세속의 의무 이행을 회피하고, 종교기관을 자신들의 특권을 지키는 조세피난처로 활용하였다. 그들의 몸은 민주공화국의 시대에 속해 있지만, 조세 멘탈리티는 로제타 스톤이 세워진 시대에 머물러 있었다.

종교인 소득에 대한 과세의 법적 근거는 우여곡절 끝에 2014년에 신설되었고 2018년부터 시행되고 있다. 세법은 종교인 소득을 근로소득 또는 기타소득 가운데 택일을 하여 신고·납부할 수 있도록 허용하였다. 그리고 종교단체의 회계장부에 대한 열람이 제한됨으로써 정부의 세무조사권이 사실상 무력화되었다. 현행 종교인 과세제도는 우리나라 헌법이 부정하지만, 현실에는 여전히 위력을 과시하고 있는 사회적 특수계급과 정부 간 대타협의 결과물이다.

말한다. 대한민국 헌법 제38조(모든 국민은 법률이 정하는 바에 의하여 납세의 의무를 진다)는 국민개세주의를 천명하고 있다.

노블레스 오블리주

프랑스어 노블레스 오블리주(Noblesse Oblige)란 사회적 지위가 높은 사람일수록 높은 수준의 도덕성을 갖추고 사회적 책임을 다해야 한다는 윤리관을 일컫는다. 부유층이나 권력자들이 자신의 권한과 영향력을 공공의 이익을 위해 자발적으로 행사할 때 노블레스 오블리주를 실천하였다고 한다. 현대 자본주의 경제시스템하에서 기업은 막대한 영향력을 가진 사회 공동체의 구성원이다. 따라서 기업의 사회적 책임(Corporate Social Responsibility)은 현대적 버전의 노블레스 오블리주로 이해할 수 있다.

개인의 성공이 사회의 도움 덕분이라고 생각하는 사람들은 자신의 재산을 사회에 환원하는 데 적극적으로 나선다. 유·무형의 공공 인프라에 힘입어 축적한 부와 권력은 사회를 건강하게 유지하고 발전시키는 데 사용되어야 한다고 생각한다. 그러므로 부의 의미를 사회적 책임감으로 바라볼 때 납세에 대한 태도가 긍정적으로 형성될 수 있다.[6] 조세 멘탈리티의 연속선상에서 노블레스 오블리주는 면세 특권의식의 정반대편에 자리한다.

---

6) Whillans, A. V., Wispinski, N. J., & Dunn, E. W. (2016). Seeing Wealth as a Responsibility Improves Attitudes Towards Taxation. Journal of Economic Behavior & Organization.

오마하의 현인이라는 별명을 가진 워렌 버핏(Warren Buffett)은 2011년 8월 14일 뉴욕타임스에 '슈퍼부자를 감싸고 도는 정책을 중단하라(Stop Coddling the Super-Rich)'는 제목의 칼럼을 기고하였다. 버핏은 자신이 부담한 소득세 유효세율이 17.4%에 불과한 반면, 버크셔 해서웨이에서 일하는 직원들의 평균 소득세 유효세율은 36%에 이른다고 밝혔다. 그는 근로소득보다 자본이득을 저율로 과세하는 미국의 조세제도가 사회적 불평등을 심화시킨다고 비판하면서 부자 증세를 통해 재정적자 문제를 해결하라고 촉구하였다. 2012년 오바마 행정부는 연간 100만 달러 이상을 버는 고소득층 실효세율의 하한선을 30%로 하는 세제개편 방안을 제안하면서 이를 버핏세(Buffet rule)라고 명명하였다.

건강한 사회의 리더들은 노블레스 오블리주를 행동으로 실천한다. 반대로 병든 사회의 리더들은 특권을 누리는 데에만 몰두하면서 정작 위난이 닥쳤을 때 가장 먼저 꽁무니를 뺀다. 1592년 임진왜란이 발발하자 조선의 왕 선조는 백성을 버려도 왕실은 보존해야 한다며 의주로 줄행랑을 쳤다. 1950년 한국전쟁이 발발하자 대통령 이승만은 말로는 끝까지 싸우자면서 몰래 대전으로 도망을 간 다음 한강 다리를 끊어 피난 행렬에 있던 국민을 수장시켰다. 2014년 세월호의 선장은 승객들에게 가만히 있으라고 명령하고 가장 먼저 침몰하는 배에서 빠져나왔다. 인명 구조는 제때 이루어지지 않았고, 무능하고 무책임한 리더의 말을 믿고 따랐던 어린 학생들은 팽목항 앞바다에 생매장되었다.

부와 권력을 가진 자들의 행태는 공동체의 가치와 시대정신에 큰 영향을 미친다. 사회적 위난이 발생할 때 뒤로 숨고 도망치는 야비하고 졸렬한 리더들의 직무유기는 지우기 어려운 역사적 트라우마를 남긴다. 그리고 노블레스 오블리주 정신이 사라진 곳에 황금티켓 증후군(Golden

Ticket Syndrome)이 피어난다.[7] 기득권 수호에 전념하며 온갖 수단을 동원하여 조세를 회피하는 부유층과 권력자들의 행태는 납세불응이라는 사회적 질병을 악화시킨다.

7) 경제협력개발기구(OECD)가 발간한 한국경제보고서(OECD Economic Surveys: Korea 2022)는 다음과 같이 지적하고 있다. 한국의 청년들은 사회적 분열의 승자 편에 서기 위해 고군분투하고 있다. 생산성 격차, 노동시장의 이원화, 교육 시스템의 취약성에 직면한 청년들은 좋은 대학에 진학하고 대기업이나 공공부문에서 안정적이고 매력적인 직업을 얻기 위해 치열하게 경쟁하고 있다. 이러한 한국식 황금티켓 증후군은 낮은 청년 취업률과 결혼 · 출산 기피로 이어지며, 삶의 만족도를 낮추고 있다. 이는 장기적으로 한국 사회에 큰 상흔을 남길 것이다.

8. 납세의식

돈을 매개로 하는 상품화는 행위의 가치를 변질시킨다.

- 마이클 샌델

납세의식의 의의

인센티브는 행위의 외재적 동기(extrinsic motivation)이다. 위협과 겁박, 감시와 처벌, 명령과 통제에 기반한 강압적 정책은 부(−)의 인센티브를 활용한다. 그런데 비금전적인 동기가 중요한 영역에서 인센티브는 의도치 않은 역효과를 불러일으킨다. 인센티브를 통한 행동의 상품화는 내재적 동기(intrinsic motivation)를 약화시키기 때문이다. 마찬가지로 정책순응의 맥락에서 외재적 동기가 내재적 동기를 몰아내면(몰아내기 효과 crowding out effect) 규정과 절차에 대한 자발적 협력 의지는 줄어든다.

모럴(morale)이란 '사기 진작', '사기 저하'와 같은 표현에 사용되는 사기(士氣)를 뜻한다. 어떤 단체나 조직의 구성원들이 높은 수준의 모럴을 가지면 단합력이 생겨난다. 납세순응의 맥락에서 납세의식(tax morale)이란 '납세의 내재적 동기', '자발적으로 기꺼이 세금을 내고자 하는 의사', '응당 자기 몫의 세금을 감당하려는 마음가짐' 등으로 다양하게 정의되고 있다. 일반적으로 수용되는 단일한 개념은 없지만 납세의 동기를 부여하는 내적 요인들을 포괄적으로 지칭할 때 납세의식이라는 용어가 흔히 사용된다.

ASY 모형을 현실의 데이터로 검증했던 사회과학 연구자들은 현실에서 관찰되는 납세순응의 수준이 탈세의 합리적 선택 모형이 예측하는 수준보다 훨씬 높게 나타나는 패턴을 발견하였다.1) 이처럼 기본 경제학의 예측에서 체계적으로 벗어나는 높은 수준의 납세순응 현상을 가리켜 순응의 수수께끼(puzzle of compliance)라고 한다. 납세의식은 순응의 수수께끼를 푸는 열쇠이자, 자발적인 납세순응을 유도하는 핵심 기제이다. 거짓과 속임수를 쓰면 세금을 줄일 수 있는 납세순응의 딜레마 상황에서 배신이 아닌 협력을 선택하는 심리적 동인에 해당한다.

납세의식은 일상생활에 파급효과를 미친다. Cornelissen 등(2013)은 조세제도의 불공평에 대한 인식과 직장 내 부정행위의 관련성을 조사하였다. 독일의 대규모 데이터를 활용한 실증분석 결과 조세공정성에 대한 주관적 신념이 직장에서의 업무 태도(work morale)와 매우 강한 양(+)의 상관관계가 있음을 발견했다.2) 저자들은 직장 외부에서 느낀 시스템의 불공정을 회복하기 위하여 직장 내부에서 자신이 통제할 수 있는 수단을 활용하여 부정행위를 감행한 것으로 해석하였다.

납세의식에 영향을 미치는 요인은 크게 3가지 차원으로 나누어 생각해 볼 수 있다.

개인적 차원: 세금은 시민의 의무라는 인식이 강할수록, 국가나 지역사회에 대한 소속감이 강할수록 납세의식이 높아진다.

사회적 차원: 주변 사람들(가족, 동료, 지인 등)의 조세 멘탈리티와 조세행동이 개인의 세금관 및 납세의식에 영향을 미친다.

제도적 차원: 조세제도의 공정성, 세금 사용의 투명성, 납세절차의

1) Alm, J., McClelland, G. H., & Schulze, W. D. (1992). Why do people pay taxes? Journal of Public Economics, 48(1), 21–38.

2) Cornelissen, T., Himmler, O., & Koenig, T. (2013). Fairness spillovers—The case of taxation. Journal of Economic Behavior & Organization, 90, 164–180.

편의성 등 조세제도와 정부에 대한 신뢰가 납세자의 자발적인 협력을 유도한다.

사회 규범

이콘은 사회적으로 단절되어 있어 주변 사람들의 행동에 영향을 받지 않으며, 타인의 생각과 행동에 상관없이 자신에게 가장 유리한 대안을 선택할 수 있다. 그러나 현실의 인간은 소속되어 있는 집단이 공유하고 있는 규범에 영향을 받는다. 가족, 친구, 지인 등 행동의 준거가 되는 집단을 가리켜 준거집단(reference group)이라고 한다. 사회 규범이란 준거집단이 공유하는 가치관과 행동양식을 의미한다.

인간은 사회적 동물이다. 따라서 준거집단의 행동과 사회적 기대는 개인의 의사결정에 큰 영향을 미친다. '평판을 유지한다', '체면을 차린다'와 같은 심리적 동기의 이면에는 사회 규범이 작동하고 있다. 사회 규범은 집단 구성원들이 기대하는 행동을 유도하거나, 눈살을 찌푸리는 행동을 제약하는 암묵적 제약으로 기능한다. 따라서 법의 강제력 없이도 친사회적 행동을 유도하거나 반사회적인 행동을 억제한다.

사회 규범은 서술적 규범(사람들이 실제로 하는 행동)과 명령적 규범(사람들이 해야 한다고 여겨지는 행동)으로 구분할 수 있다. 서술적 규범은 납세불응을 정당화하는 구실로 흔히 사용된다. 준거집단의 규범은 판단의 준거점에 영향을 미친다. 누구나 탈세를 하는데 나만 정직하게 세금을 내려니 왠지 손해 보는 느낌이 든다. 준거집단에서 탈세가 만연하는 환경에 노출되면 개인의 탈세 성향이 커지는 파급효과(spillover effect)가 나타난다.[3] 준거집단의 서술적 규범으로 자신의 부정행위를 쉽게 합리화할 수 있기 때문이다.

준거집단의 명령적 규범을 위반하면 비난의 대상이 되어 사회적 낙인(social stigma)이 찍힌다. 준거집단의 규범이 탈세를 용인하지 않는 경우 사회적 낙인의 위협을 피하고자 성실납세를 선택할 수 있다. 고액 체납자 명단공개는 사회적 낙인 효과를 유발하여 체납자를 심리적으로 압박하는 수단이다. 그러나 수치심을 모르거나 평판이 나빠지는 것을 개의치 않는 사람에게는 심리적 제재 효과를 기대하기 어렵다. 오히려 서술적 규범의 역효과로 인하여 평범한 사람들의 납세의식이 저하되는 부작용만 발생할 수 있다.

효과적인 세무계획(effective tax planning)은 조세비용뿐만 아니라 비조세비용까지도 모두 고려해야 한다. 평판효과(reputation effects)는 기업이 효과적인 세무계획을 수립할 때 고려해야 하는 중요한 비조세 요인이다.[4] 특히, 소비재를 판매하는 기업의 경우 브랜드 가치의 훼손은 경제적 손실로 이어진다. 따라서 조세회피로 인하여 줄어든 세금비용을 초과하는 명성비용(reputational costs)이 발생한다면 효과적인 세무계획이라고 평가하기 어렵다.

---

3) Paetzold, J., & Winner, H. (2016). Taking the high road? Compliance with commuter tax allowances and the role of evasion spillovers. Journal of Public Economics, 143, 1−14.

4) Graham, J. R., Hanlon, M., Shevlin, T., & Shroff, N. (2013). Incentives for tax planning and avoidance: Evidence from the field. The Accounting Review, 89(3), 991−1023.

정체성

규범은 좋고 나쁨, 옳고 그름, 선과 악을 판단하는 기준이다. 규범은 윤리적 판단의 기준이자 행동의 준칙이 된다. 이콘은 경제적 효율성의 잣대만으로 대안을 평가하며, 소비자 또는 투자자의 행위 규범만으로 세상을 살아간다. 시장경제 시스템의 확산으로 인하여 돈으로 살 수 없는 것들이 점차 사라지면서 시장규범이 생활관계의 전반을 지배하고 있다.

탈세의 합리적 선택 모형은 세무신고 의사결정을 투사의사결정으로 치환하여 탈세를 현재의 확실한 돈(세금 탈루)과 미래의 불확실한 돈(세무조사와 가산세)의 교환관계로 묘사한다. 돈을 매개로 하는 교환관계 프레임이 들어서면 납세행위의 본질적 가치는 사라진다. 조세행동은 사익 추구의 욕망과 시장규범이 지배하는 영역에 편입된다.

현실의 인간은 물질적 이해관계를 넘어 옳고 그름을 판단하는 도덕적 직관을 갖추고 있다. 온광효과(Warm Glow Effect)란 개인이 이타적 행동을 할 때 느끼는 심리적 만족감을 말한다. 납세를 도덕적 의무로 인식하는 사람들은 정직한 납세자라는 자신의 정체성을 강화하거나, 사회적 기여에 대한 자기효능감(Self－efficacy)을 충족함으로써 납세에 대하여 심리적 보상을 얻을 수 있다.

정직성이라는 규범을 중요하게 여기는 사람은 부정행위의 유혹에 맞서는 자기 규제(self-regulation)가 가능하다. 금전적인 이득을 포기하더라도 올바르게 행동함으로써 심리적 만족감을 느끼고, 처벌에 대한 두려움 때문이 아니라 자신의 양심에 따라 규칙을 준수한다. 탈세는 부정행위이므로 정직함의 미덕을 실천하는 사람들은 탈세를 꺼릴 가능성이 크다. 성실납세의 기회비용보다 탈세의 심리적 비용(또는 성실납세의 심리적 효용)이 더 크기 때문이다.

개인적 규범은 정체성을 공유하는 집단 또는 롤모델의 가치관과 태도를 내면화하여 형성된다. 개인적 규범이란 결국 내면화된 사회적 규범으로 볼 수 있다.[5] 사회적 규범을 개인적 규범으로 내면화하는 과정에는 자기 범주화(self-categorization)와 사회적 동일시(social identification)가 작동한다. 자기 범주화는 개인이 자신을 특정한 범주에 속한다고 인식하고 집단의 명령적 규범에 따라 행동하거나 사고하는 것을 말한다. 사회적 동일시는 개인이 자신이 속한 그룹의 가치, 행동, 신념 등을 받아들이고 집단과의 상호작용을 통하여 개인의 정체성을 유지하고 강화하는 과정을 의미한다.

납세에 대한 주관적 태도는 납세자의 정체성에 따라 달라진다. 납세자가 특정 집단과 일체감을 강하게 느끼는 경우 그 집단이 공유하고 있는 납세 규범을 개인적 규범으로 수용한다. 시장 규범에 충실한 투자자 또는 기업가의 정체성을 가진 납세자는 탈세를 투자 대안 또는 이윤추구의 기회로 바라본다. 반대로 민주시민의 정체성이 강한 납세자에게 성실납세란 시민의식(citizenship)을 실천하는 계기가 된다. 인간은 여러 가지 규범과 정체성을 내면에 동시에 가지고 살아가고 있다. 그러므로

5) Wenzel, M. (2004). An analysis of norm processes in tax compliance. Journal of Economic Psychology, 25(2), 213-228.

구체적인 조세상황에서 어떤 정체성이 발현되고 어떤 규범이 활성화되는지에 따라 판단과 의사결정은 달라질 수 있다.

집단에 대한 소속감이 강한 개인은 자신의 운명과 집단의 운명을 동일시하고, 소속 집단을 위하여 재산과 생명을 기꺼이 바친다. 집단 정체성에는 뚜렷한 명암이 존재한다. 자신이 속한 집단(내집단)은 외집단과의 경쟁을 통하여 발전을 도모할 수 있다. 그러나 내집단에 대한 우월감과 외집단에 대한 적개심이 과도한 지경에 이르게 되면 나치즘과 파시즘 같은 국가주의 이념이 자리 잡는다. 국가주의 이념에 세뇌된 사람들이 보이는 파멸적인 행태는 건전한 납세의식의 실천으로 보기 어렵다.

넓은 의미에서 납세의식이란 공동체를 위하여 자신의 인적·물적 자원을 기꺼이 내놓는 것을 말한다. 전쟁에서 피를 흘리는 것은 외적으로부터 공동체를 지켜내기 위해서 자신의 생명과 신체를 국가에 바치는 행위이다. 따라서 나라가 위기에 처했을 때 자발적으로 군역을 수행하는 것도 납세의식의 실천으로 해석할 수 있다. 자신의 생명을 국가공동체의 존립과 번영을 위해 자발적으로 헌납하는 것은 납세의식 위계의 최상층부에 위치한다. 반대로 부와 권력을 가진 자들이 행하는 병역기피는 면세 특권의식의 실천으로서 공동체의 납세의식을 파괴한다.

상호성

『거대한 전환』의 저자 칼 폴라니(Karl Polanyi)에 따르면 오랜 기간 인류의 경제는 사회 속에 묻어 들어가(embedded) 있었고, 인류는 자원의 재분배를 시장교환이 아닌 선물교환(gift exchange)을 통해 해결하였다. 선물을 주는 사람은 즉각적인 반대급부를 기대하지 않으며, 선물을 받은 사람은 호의를 잊지 않고 향후 그에 상응하는 선물을 돌려주려는 생각을 품는다. 이러한 과정을 통하여 사회적 관계가 형성되고 신뢰가 구축된다. 따라서 선물교환은 물질적인 문제를 해결할 뿐만 아니라 사회적 유대를 강화하는 데 기여한다.

선물교환은 인류의 역사를 관통하고 있는 상호성(reciprocity)의 규범을 기반으로 이루어진다. 선의를 베푼 상대방한테서 답례가 돌아오는 것은 직접적인 상호성이다. 반면에 사회 구성원 전체와 맺고 있는 유기적 관계는 간접적인 상호성에 해당한다. 상호성은 협력적인 행동을 촉진한다. 내가 베푼 선의가 타인의 보답으로 돌아올 것이라는 믿음, 내가 베푼 친절이 친절로 되돌아올 것이라는 믿음이 환대와 협력 의사를 증진한다. 납세의식이란 간접적 상호성에 기초하는 특별한 형태의 사회적 연대이다.

상호적 인간(Homo Reciprocans)이란 상호주의에 따라 행동하는 사람을 일컫는다. 상호적 인간은 타인이 협력적이라면 자신도 협력하려는 조건부 협력자로서, 상대방이 자신을 대했던 것과 같은 방식으로 대응한다(팃포탯 tit for tat).

상호적 인간이 선택하는 납세불응은 불공정한 조세시스템을 향한 팃포탯이다. 수직적 상호성의 측면에서 탈세는 정부와의 관계에서 불공평한 처우에 대한 맞대응 전략이다. 예컨대 자신이 낸 세금이 적절하게 쓰이지 않는다고 생각하는 상호적 인간에게는 팃포탯의 심리가 발동하게 된다.

수평적 상호성의 측면에서 상호적 인간은 타인의 불응에 대한 팃포탯으로서 자신의 불응을 합리화한다. 부정행위를 용인하는 명령적 규범과 탈세가 만연하고 있다는 서술적 규범이 합세하면 정직성의 규범이 밀려나기 십상이다. 다른 사람들은 법을 제대로 지키지 않는데 나만 손해 보면서 법을 지키는 바보가 되지 않으려는 동기가 생겨나기 때문이다.

조세행동은 사회 속에 묻어 들어가 있다. 인간은 사회생활을 통하여 유기적인 관계를 맺고 있으며, 긍정적이거나 부정적인 영향을 직간접적으로 주고받는다. 따라서 부패한 사회일수록 납세불응이 만연할 것으로 추단할 수 있다. DeBacker 등(2012)이 미국 내 외국계 기업의 소유주 특성과 법인세 탈세 규모의 관련성을 분석한 결과 부패한 국가 출신의 소유주가 지배하는 기업이 세금을 더 많이 탈루한다는 사실을 발견하였다.[6)]

6) DeBacker, J., Heim, B. T., & Tran, A. (2015). Importing corruption culture from overseas: Evidence from corporate tax evasion in the United States. Journal of Financial Economics, 117(1), 122–138.

9. 조세제도의 공정성

공정한 사회에서는 제도가 사람에게 모욕감을 주지 않는다.

– 아비샤이 마갈릿

공정성 휴리스틱

기본 경제학 이론으로 설명할 수 없지만 현실에서 반복적으로 관찰되는 행동의 패턴을 이상현상(anomalies)이라고 한다. 경제적 선택의 이상현상에 관한 유명한 실험연구는 최후통첩 게임이다. 예를 들어, 실험에는 A와 B 두 사람이 참여한다. 실험진행자는 동전 던지기(복권 추첨)의 승자(당첨자)에게 10만 원을 건넨다. 10만 원을 받은 실험참여자는 상대방에게 얼마를 나눠줄지를 자유롭게 선택할 수 있다. 만약 상대방이 그 제안을 수락하면 두 사람은 각자의 몫을 가지고 실험이 종료된다. 그러나 상대방이 그 제안을 거절하면 두 사람은 모두 빈손으로 돌아가야 한다.

기본 경제학 이론의 예측은 다음과 같다. 운이 좋아서 10만 원에 당첨된 이콘은 상대방에게 100원을 제안한다. 상대방이 이콘이라면 무조건 그 제안을 받아들인다. 이콘은 자신의 금전적 이해관계만 고려하기 때문에 아무것도 얻지 못하는 것보다 100원이라도 가지는 것이 이득이다. 경제적 합리성만을 따진다면 행운을 차지한 이콘이 불운한 이콘에게 어떤 금액을 제안해도 무방하다.

행동경제학자들의 반복된 실험에 따르면 복권당첨자들은 대체로 3만~4만 원을 상대방에게 제안하였고, 그보다 적은 액수를 제안받은 상대방은 대개 금전적 손실을 감수하면서 그 제안을 거절하였다. 유일한 예외로 알려진 사례는 자폐증 환자들을 대상으로 한 실험이다.[1] 복권에 당첨된 자폐증 환자 가운데 약 33%가 0원을 제안하였고, 상대방은 아주 적은 액수의 제안도 수락하였다.

인간은 개인적 선호뿐 아니라 사회적 선호(social preferences)를 가진다. 자신뿐 아니라 타인의 안녕을 함께 고려하는 마음, 타인의 불행에 연민을 느끼는 마음, 승자의 오만과 약자에 대한 탄압에 공분을 느끼는 마음이 사회적 선호에 반영된다. 순전히 운에 좌우되는 최후통첩 게임에서 터무니없는 금액을 수용하는 것은 보편적인 정의관에 비추어 볼 때 현저하게 불공평한 결과를 초래한다. 금전적인 손실을 감수하면서도 승자의 독식을 견제하는 "비합리적인" 행위는 공정성의 휴리스틱을 활용하여 사회적 선호를 추구한 것으로 이해할 수 있다.

인간에게는 공정성(fairness) 또는 정의(justice)에 대한 내재적 욕구가 존재한다. 공정성은 응보적 공정성(retributive fairness), 분배적 공정성(distributive fairness), 그리고 절차적 공정성(procedural fairness)으로 나뉜다. 응보적 공정성은 과거의 잘못에 상응하는 정당한 처벌을 통하여, 분배적 공정성은 보상이나 부담의 정당한 배분을 통하여, 절차적 공정성은 의사결정 과정의 정당성을 확보함으로써 달성된다.

1) Sally, D. and E. Hill (2006). The development of interpersonal strategy: Autism, theory-of-mind, cooperation and fairness. Journal of Economic Psychology 27(1): 73-97.

응보적 공정성

응보적 공정성이란 부정한 행위에 상응하는 제재의 적절성을 의미한다. '탈세에 대한 처벌이 약하다'는 의견은 응보적 조세정의에 관한 납세자의 부정적 인식을 반영한다. 응보적 정의를 실현하기 위해서는 불법의 경중을 따져 그에 상응하는 제재를 부과해야 한다. 통상적인 탈세나 조세포탈은 세법을 위반하는 행위라는 공통점이 있지만 불법의 정도와 제재의 수위가 크게 다르다.

위법과 불응에 대한 처벌은 행위의 사회적 비난 가능성과 균형을 이루어야 한다. 법을 어긴 사정을 따져가며 책임을 경감시켜 주는 것은 때로 사안의 구체적 타당성을 실현하기 위해 불가피한 측면이 있다. 그러나 가진 자에게는 한없이 너그럽고 힘없는 이들에게 가혹한 처벌이 가해지는 사회, '무전유죄 유전무죄'라는 자조와 냉소가 상식으로 통하는 사회는 응보적 공정성이 위태로운 사회이다.

합리적 선택 모형에서 탈세를 억제하는 가장 효과적인 수단은 처벌의 수위를 극단적으로 높이는 것이다. 그러나 이러한 법제가 현실에서 구현되기 어려운 이유는 응보적 공정성의 관념에 부합하지 않기 때문이다. 한편, '눈에는 눈, 이에는 이', '살인한 자는 사형에 처한다'는 원칙은 응보적 정의관에 부합한다. 그러나 현대적인 형사정책은 응보적 공정성을 실현하는 데 매우 소극적이다. 특히, 보복이나 자력구제를 불법행위로 규정함으로써 응보적 정의 구현에 수평적 상호주의가 작동하는 것을 차단하고 있다.

조세 사면(tax amnesty)은 과거의 납세불응을 자진하여 신고하면 정부가 일정한 조건에 따라 한시적으로 가산세 등의 책임을 감면해 주는 제도이다. 조세사면은 경제 위기에 대한 긴급 대책 가운데 하나로서 단기간 징세의 효율성을 높일 수 있다는 장점이 있다. 그러나 성실납세자에 대한 역차별로 응보적 조세정의에 어긋난다는 비판이 제기될 수 있다. 우리나라의 경우 1997년 부동산실명법을 제정하면서 명의신탁 주식의 실명전환에 대한 증여세 면제를 한시적으로 운영하였다. 또한 2008년 글로벌 금융위기 당시 해외에 은닉된 재산이나 국내 탈루 소득에 대해 자진신고 시 처벌 면제하고, 미신고 소득을 신고하면 기존보다 낮은 세율을 적용한 바 있다.

명의신탁 주식 조세사면 재검토할 때다[2)]

작년 말 국제조세 조정에 관한 법률 제38조가 신설되었다. 국제거래에서 발생한 소득과 세법상의 신고의무가 있는 국외재산을 자진신고한 경우에 가산세와 과태료를 감면하고 명단공개를 면제한다는 내용이다. 역외 소득과 재산에 대한 과세를 위하여 국제적 과세정보 공유 협약도 맺고, 세법규정도 정비하였지만 당초 기대에 미치지 못하여 일종의 부분 조세사면 규정을 새로 만든 것이다. 한시법이다.

조세사면은 로마 시대부터 시행한 기록이 있다는 것이고 동서고금을 막론하고

2) 조세일보, 2015.04.16. https://www.joseilbo.com/news/htmls/2015/04/20150416254974.html

간헐적으로 사용되어 왔다. 그러나 빈번하게 사용되면 납세자의 순응도를 떨어뜨리고 조세형평에 위배될 소지가 많아 확실한 정책적 필요와 계획이 필요하다.

1997년 명의신탁 재산에 대한 증여의제규정이 부동산에 관하여서는 부동산 실권리자 명의 등기에 관한 법률이 제정되면서 명의신탁 주식 등의 재산에 대하여 실명전환 시 증여세 면제를 규정한 바 있다.

조세사면은 세정 전환기의 과도적, 보조적 정책수단이므로 자제하는 것이 옳다. 그러나 요즈음의 중소 · 중견기업을 보면 1997년 명의신탁 주식의 실명전환 기회부여 시 구구한 사정으로 실명전환을 하지 못하는 바람에 엄청난 리스크에 직면하여 전전긍긍하는 경우가 적지 않다.

분배적 공정성

분배적 공정성은 보상 또는 부담의 배분에 관한 결과적 공평을 일컫는다. 조세제도의 분배적 공정성은 조세부담의 공평성, 정부와 납세자 간의 교환관계(재정적 교환관계)의 형평성으로 구분할 수 있다. 응능부담의 원칙(담세력에 상응하도록 세부담이 분배되어야 한다는 원칙)이 지켜질 때 조세부담의 공평성이 달성된다. 수평적 공평성(horizontal equity)은 소득이 유사한 납세자들의 세부담 수준이 유사해야 한다는 원칙을, 수직적 공평성(vertical equity)은 소득수준이 서로 다른 납세자 집단 간에는 적정한 세부담의 차이가 존재해야 한다는 원칙을 말한다. 한편, 교환적 공평성(exchange equity)은 납세자가 부담한 세금 대비 정부로부터 얻는 혜택 간의 균형을 일컫는다. '세금은 꼬박꼬박 내지만 정부로부터 얻는 혜택이 별로 없다'는 의견은 교환적 공평성에 대한 납세자의 부정적 인식을 반영한다.

분배적 공정성에 대한 자신의 이상과 관찰되는 현실의 괴리가 존재하는 경우 인지 부조화(cognitive dissonance) 상태에 빠진다. 예컨대 하는 일에 비하여 보상이 매우 적다고 생각하는 사람에게는 자신이 생각하는 바람직한 보상수준과 실제 보상수준 사이의 괴리에 따른 인지 부조화가 생겨난다. 기여와 보상과의 관계가 조화롭지 못하다고 인식하는 사람은 자신을 구속하고 있는 규율을 파괴함으로써 심리적 보상을 얻는다. 따라서 인지 부조화 상태에서 벗어나기 위하여 태업을 선택하게 된다.

재정적 교환관계의 불공평은 흔히 탈세를 합리화하는 구실로 사용된다. 형평이론(equity theory)에 따르면 제도나 상황이 불공평하다고 인식하는 사람은 인지 부조화를 회복하기 위하여 규칙을 위반하는 행위로서 맞대응한다. 납세자들이 자신의 세부담에 비하여 정부로부터 적정한 혜택을 받지 못한다고 인식하거나, 정부가 경솔하게 세금을 낭비한다고 생각하는 경우 재정적 교환관계에 대한 인지 부조화가 생겨난다. 따라서 교환적 불공평을 인식하는 납세자는 불공평을 회복하기 위한 수단으로서 의도적인 납세불응을 선택하게 된다.

조세회피의 기회가 균등하게 주어지지 않는 경우에도 분배적 조세 공정성이 훼손된다. 부유층과 대기업의 세무대리인은 제도의 빈틈을 교묘하게 활용하여 법망을 빠져나가면서 법정세율보다 실효세율을 낮추는 거래구조를 설계한다. 부자들이 각종 조세회피 수단(tax sheltering)을 활용하여 편법으로 세금을 회피하면 조세제도의 수직적 공평성이 훼손된다. 형평이론에 따르면 부자들의 조세회피가 중산층 탈세의 심리적 정당방위 수단이 될 수 있다.

국민 10명 중 6명 "내가 낸 세금보다 정부혜택 적다"[3)]

내가 납세한 세금보다 정부 혜택이 적다고 생각하는 사람이 61%에 달하는 것으로 나타났다. 9일 한국조세재정연구원(조세연)은 최근 발간한 조세재정

3) 파이낸셜뉴스, 2024.07.09. https://www.fnnews.com/news/202407090650384027

브리프 '납세의식과 납세순응행위 결정 요인 분석'에서 이 같은 설문조사 결과를 발표했다.

설문조사는 사회적 규범과 조세 이해도, 조세 형평성, 조세행정, 납세 의식과 납세 순응도 등의 파트로 나눠 진행됐다. 형평성에 대한 인식 조사 결과 납부한 세금 대비 정부로부터 받는 혜택이 '낮다'고 생각하는 응답자는 61%를 차지했다. 반면 '높다'고 답한 응답자는 8%에 불과했다. '비슷한 수준'이라고 답한 응답자는 31%였다.

자산, 소득 등 경제적 능력에 따라 세 부담이 높은지에 대해 묻자 '그렇다'는 응답이 54.2%였다. 다만 '그렇지 않다'는 응답도 45.8%로 나타났다. 나와 경제적 능력이 비슷한 사람들과 세 부담이 비슷한지 물은 결과 '비슷한 수준'이라는 응답이 58.4%로 나타났다.

국세청의 신뢰도와 처벌에 대한 인식 조사에서 국세청이 필요한 행정서비스를 적절히 제공하는지 묻자 68.5%는 긍정 답변을, 31.5%는 부정적 답변을 했다. 국세청 신뢰도에 대해서 35.2%는 긍정, 21.8%는 부정 답변을 했고, 42.9%는 보통이라고 답했다. 다만 탈세자가 과세관청에 발각될 가능성에 대해 묻자, 긍정 답변은 37.3%에 불과했고, 부정 답변은 62.6%에 달했다.

절차적 공정성

결과지상주의자 이콘은 수단의 정당성이나 과정의 공정성을 따지지 않는다. 그러나 인간은 자신의 이해관계를 넘어 사회적 차원의 공정성에 큰 관심을 가지며, 때로 자신의 재산적 손해를 감수하면서 불공정에 맞선다. 절차적 공정성은 의사결정 과정의 투명성과 정당성을 확보함으로써 달성된다. 정책의 효과성을 높이려면 절차적 공정성의 확보가 선행되어야 한다.

이콘은 오직 결과 또는 성과만으로 대안을 평가한다. 그러나 인간은 최종 결과뿐만 아니라 결과에 이르는 과정 역시 중요하게 여긴다. 예컨대 소비자가 상품의 소비로부터 얻는 직접적인 효용 외에도 구매 행위 자체로부터 얻는 만족감을 거래 효용(transaction utility)이라고 한다. 인간의 행복은 최종 결과뿐 아니라 결과에 이르는 과정에서 비롯되기도 한다. 목표 자체뿐 아니라 목표를 달성하는 방식과 절차로부터 심리적 만족감을 얻을 수 있기 때문이다.

의사결정이 내려지는 과정 또는 시스템이 운영되는 방식은 절차적 효용(procedural utility)에 영향을 미친다. 결과에 이르는 과정을 중요하게 여기는 납세자는 공정한 세무행정으로부터 절차적 효용을 얻는다. 비록 세무조사를 통해서 추가로 세금을 내야 하는 상황이 생기더라도 그 과정이 투명하고 공정하다면 납세자의 절차적 효용이 결과의 비효용을

상쇄할 수도 있다.[4)]

절차적 공정성이 확보되면 권위의 정당성이 확립된다. 권위의 정당성은 권력 행사의 효과성을 높일 수 있는 중요한 심리적 자산(psychological property)이다.[5)] 정당성을 갖춘 권한 행사는 자발적인 순응을 유도한다. 반대로 절차의 공정성을 결여한 권한 행사는 인지부조화로 인한 심리적 저항을 유발한다. 그러므로 공정한 절차를 갖추는 것은 권위의 정당성과 시스템의 건전성을 확보하기 위한 필요조건에 해당한다.

세무행정의 절차적 공정성을 달성하는 데 필요한 핵심 요소는 4가지로 구분할 수 있다.

목소리: 세무당국은 납세자의 의견을 경청한다.

의사결정의 중립성: 세무당국은 특정 집단을 부당하게 차별하거나 우대하지 않는다.

의사결정권자의 중립성: 세무당국은 의사결정권자의 이해관계 상충(conflict of interest)을 방지한다.

존중하는 자세: 세무당국은 세무행정의 파트너로서 납세자를 정중하게 대우한다.

---

4) Frey, B. S., Benz, M., & Stutzer, A. (2004). Introducing procedural utility: Not only what, but also how matters. Journal of Institutional and Theoretical Economics, 160(3), 377－401.

5) Tyler, T. R. (2006). Psychological perspectives on legitimacy and legitimation. Annual review of psychology, 375.

조사요원에게 말 못 하는…세무조사 불만 1위는?[6]

국세청이 국회 기획재정위원회에 제출한 자료에 따르면, 국세청은 올해 1월부터 6월까지 총 1,605번(온라인 561건 · 전화 1,044건)의 실시간 모니터링을 했다. 같은 기간 사후 모니터링으로는 2,600회가 넘는다. 국세청 관계자는 "모니터링은 조사대상자 중에서 무작위로 선정한다"며 "실시간·사후로 구분해 납세자들의 의견을 듣고 있다"고 말했다.

그렇다면 세무조사를 받는 납세자들은 어떤 얘기를 했을까. 조사공무원이 친절하다는 의견도 있었지만, 주로 세무조사 때 겪었던 불만과 제도개선을 요구하고 있다.

2019년부터 2023년까지의 사례를 보면, '세무조사의 공정한 선정·설명'을 지적하는 게 가장 많았다. 비중으로 따지면 약 24%에 달한다. 그다음은 어려운 경영 현실을 고려한 조사 선정·진행(업황 이해부족·약 17%)이었다. 외형이 작은 법인에서 "업황이 좋지 않은데, 이 시기에 꼭 세무조사를 해야 하냐"는 식의 불만이 주를 이룬다고 한다.

조사에 대한 설명 미흡 및 실적 위주의 무리한 조사 진행(약 12%)을 지적하는 납세자도 적지 않았다. 한 납세자는 "정부가 부족한 세수를 확보하기 위해서 세무조사를 하는 것이 아니냐"는 말까지 했단 후문이다. 일부는 조사공무원의 태도가 부적절하다거나, 청렴 위반(금품 · 향응 제공, 사적 편의 요구)에 대해선 강한 징계를 요구하는 의견을 냈다.

---

6) 택스워치, 2024.10.31. https://www.taxwatch.co.kr/article/tax/2024/10/25/0001

10. 납세순응의 동역학

전자를 관찰하는 행위는 전자 자체의 행동에 영향을 준다.

– 베르너 하이젠베르크

재정 심리학

재정심리학(fiscal psychology) 모형은 세무당국과 납세자 간의 상호작용을 명시적으로 고려하여 납세자 행동을 동태적인 관점에서 바라본다. 납세자의 내면에 순응의 잠재적 동기는 다양하게 병존하고 있으며, 조세풍토와 조세상황에 따라 조세행동의 핵심 동인이 달라진다. 특히, 납세자의 인식과 태도가 변화될 가능성을 열어두고 조세행동의 변화를 이끄는 주요한 기제로서 정부와 납세자의 상호작용 방식에 주목한다.

세법의 표현적 효과(expressive effect)는 어떤 행위에 대한 칭찬 또는 비난의 메시지를 전달함으로써 납세자의 행동에 영향을 미친다. 예컨대 특정 집단 또는 행위를 대상으로 하는 규제적 조세는 비난의 메시지를 전달하고 징벌적 과세라는 사회적 표상을 형성한다. 비난 가능성에 상응하지 않은 징벌은 응보적 공정성에 대한 부정적 인식을 강화하고, 세무당국에 대한 적대감과 분노를 유발한다.

조세제도에 대한 오해와 편견, 세금 혐오와 반세금 정서는 행정기관과의 접촉이 이루어지는 공공영역 전반에 걸쳐 수직적 파급효과를 가진다. 즉, 조세에 대한 부정적 인식과 태도는 조세행동에 영향을 미치는 데 그치지 않고, 공공정책 전반에 대한 순응의도를 약화시킬 수 있다. 따라서 조세심리의 파급효과를 감안하여 규제적 조세는 절제된 방식으로 신중하게 운영될 필요가 있다.

재정 심리학 모형에서는 조세의 사회적 표상이 조세순응의 핵심 동인을 결정한다. 세무당국과의 상호작용 방식에 따라서 납세자는 자신이 잠재적 범죄자로 취급된다고 느낄 수도 있고, 보살핌을 받는 고객이라고 느낄 수도 있다. 납세자와 세무당국이 서로 불신하고 적대적인 관계에 있는 사회에서는 '도둑과 경찰'의 표상이 사회를 지배한다. 반대로 서로 신뢰하고 호의적인 관계에 있는 사회에서는 '고객과 서비스'의 사회적 표상이 형성된다. 세무당국과 납세자의 심리적 거리감이 멀수록 세금은 '합법적 수탈'이라는 표상이, 가까울수록 세금은 '자발적 기여'라는 사회적 표상이 강화된다.

심리적 조세 계약

납세자와 세무당국의 관계는 심리적 조세 계약(psychological tax contract)으로 개념화할 수 있다.[1] 심리적 조세 계약이란 시민과 정부 간 상호성에 기초하여 체결된 암묵적 계약(implicit contract)이다. 명시적 계약은 대개 가격을 매개로 하는 시장교환으로 실행되지만, 암묵적 계약은 상호성에 기초한 선물교환 관계로 유지된다. 심리적 조세 계약에서는 보상이나 처벌과 같은 외부적 유인이 아니라, 충성심과 정서적 유대감 같은 내면적 동기의 중요성이 부각된다.

세무당국과 납세자가 서로를 대하는 방식은 조세법률관계의 사회적 표상을 결정한다. 세무당국이 납세자를 존중하고 진심으로 대하며, 세무조사관이 공평무사하게 행정사무를 수행한다면 정부에 대한 신뢰가 형성되고 납세자의 사기가 진작된다. 세무당국과 납세자가 세정의 동반자로서 상호 존중하는 자세를 지킨다면, 세무조사는 '잠재적 피의자에 대한 심문'이 아니라 '파트너들의 정중한 대화'라는 사회적 표상을 구현할 수 있다.

응익과세의 원칙(공공서비스의 혜택에 상응하여 세금을 납부해야 한다는

1) Feld, L. P., & Frey, B. S. (2007). Tax compliance as the result of a psychological tax contract: The role of incentives and responsive regulation. Law & Policy, 29(1), 102–120.

원칙)에 따르면 세금은 국가가 제공하는 공공재의 혜택에 상응하여 지불하는 대가이다. 공공재는 유·무형의 인프라를 모두 포함하며, 조세시스템의 품질은 무형의 인프라에 해당한다. 조세제도의 품질로부터 납세자가 누리는 혜택은 재정적 교환관계를 넘어서 조세행정에 대한 절차적 효용을 포함한다. 조세행정의 절차적 효용은 주로 세무당국과 세무조사관이 납세자를 대하는 태도에서 비롯된다.

심리적 조세 계약에서 납세란 공동선(보눔 코뮌 bonum commune)에 대한 기여에 해당한다. 인간의 삶은 상호 의존적이며, 개인은 사회 내에서 서로 유기적으로 연결되어 있다. 개인의 행복은 공동체 전체의 복리와 밀접하게 연관되어 있으므로 공동선에 대한 기여는 장기적인 관점에서는 결코 사익에 반하지 않는다. 이에 반하여 근시안적인 사익추구는 보눔 코뮌의 정신을 파괴함으로써 궁극적으로는 개인의 삶에 부정적인 영향을 미친다.

심리적 조세 계약의 일방 당사자가 계약의 정신을 위반하면 상대방도 계약의 이행을 거부하게 된다. 상호적 납세자는 세무당국이 자신을 대하는 방식에 따라 행동 방침을 다르게 설정한다. 예컨대 세무조사관이 권위적이고 강압적인 태도를 견지하면서 사냥감을 쫓는 방식으로 납세불응을 적발하는 데만 몰두한다면, 심리적 조세 계약은 성립되거나 유지되기 어렵다. 심리적 조세 계약을 파기한 납세자는 도박꾼의 모자를 바꿔 쓰고 세무당국에 맞서 탈세 게임을 벌일 것이다.[2)]

---

2) Feld, L. P., & Frey, B. S. (2002). Trust breeds trust: How taxpayers are treated. Economics of Governance, 3(2), 87–99.

동기부여 자세

납세자는 세무당국이 권한을 행사하는 방식에 따라서 권위의 정당성을 평가하고, 세무당국에 대한 사회적 거리(social distance)를 유지한다.[3] Braithwaite(2003)는 세무당국에 대하여 납세자가 느끼는 심리적 거리감의 정도에 따라 납세의 차별적 동기를 5가지 유형으로 제시하였다. 동기부여 자세(motivational postures)는 세무당국에 대한 사회적 거리가 가까운 쪽에서부터 헌신(commitment), 승복(capitulation), 게임(game-playing), 저항(resistance), 그리고 이탈(disengagement)의 순으로 나열된다. 보다 넓은 범주에서 헌신·승복은 존중적인 자세(deference)로, 게임·저항·이탈은 경시적인 자세(defiance)로 분류할 수 있다.

헌신적인 납세자들은 조세시스템을 신뢰하고 성실납세의 가치를 높게 평가한다. 승복하는 납세자들은 세무당국의 권위와 규칙을 존중한다. 게임에 참여하는 납세자들은 세법의 흠결을 적극적으로 이용하는 조세회피 수단을 활용하고 세법의 적용 및 해석에 관하여 세무당국과 다툼을 벌인다. 저항하는 납세자들은 조세시스템을 불신하고 세무당국의 권위를 부정한다. 조세제도에서 이탈한 납세자들은 조세시스템으로

3) Braithwaite, V. (2003). Dancing with tax authorities: Motivational postures and non-compliant actions. In V. Braithwaite (Ed.), Taxing Democracy. (pp. 15-39). Ashgate Publishing Limited.

부터 심리적으로 유리되어 세무당국의 존재를 인식하지 못한다.

헌신적 순응(committed compliance)이란 개인이 규칙 또는 권위를 내면의 동기와 규범으로 수용하여 외부의 압력이 아닌 내적 확신에 따라 자발적으로 행동하는 것을 의미한다. 개인이 속한 조직이나 사회와 동질감 또는 일체감을 느끼는 경우 헌신적 순응이 나타난다. 조직의 비전과 목표가 구성원들의 신념이나 가치와 일치할 때, 구성원들은 높은 수준의 헌신적 순응을 보일 수 있다.

승복적 순응(capitulative compliance)은 개인이 규칙을 따르긴 하지만 자발적으로 행동하는 것이 아니라, 마지못해서 권위에 순종하는 것을 의미한다. 승복적 순응자는 권위 자체에 복종하며 준법정신을 강조한다. 승복적 순응의 주된 동기는 불응에 뒤따르는 법적·사회적 제재에 대한 두려움이다. 따라서 행동을 규율하는 외부의 압력이 약해지면 승복적 순응은 더 이상 유지되기 어렵다.

동기부여 자세 이론은 대응적 규제론(responsive regulation)의 밑바탕을 이룬다. 정책수용자의 내면에는 다양한 동기를 지닌 '다중 자아'가 연속적으로 존재한다. 대응적 규제론은 하나의 정책 수단으로 모든 문제를 해결하려는 단순한 접근방식(One Size Fits All)을 지양하고, 납세의 차별적 동기를 고려하여 복수의 규제 전략을 맞춤형으로 사용해야 함을 강조한다.[4]

〈그림 5〉는 동기부여 자세에 따른 세무행정의 대응적 규제 전략을 제안한다. 존중적인 납세자들을 대상으로 자율 규제를 강화하고, 경시적인 납세자들에게는 명령 규제를 실행한다. 헌신적인 납세자에게는

4) Ayres, I., & Braithwaite, J. (1992). Responsive regulation: Transcending the deregulation debate. Oxford University Press.

FIGURE 5

동기부여 자세에 따른 대응적 규제

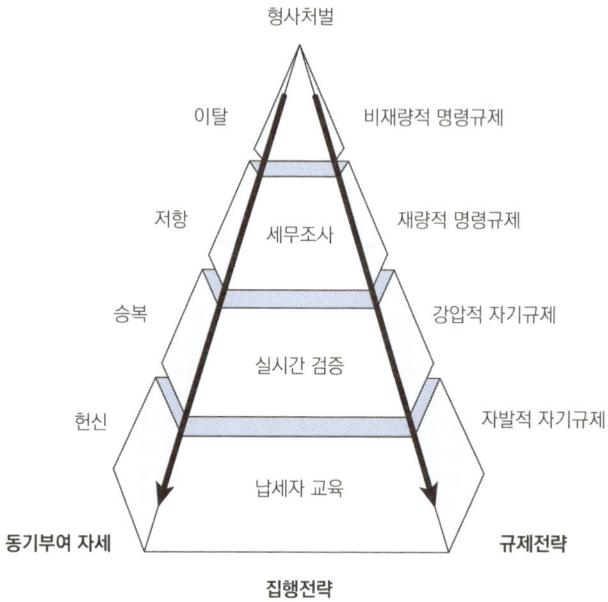

납세자 교육을 통하여 자발적이고 능동적인 협력을 유도한다. 승복적인 납세자에게는 실시간 검증을 강화하고 세원의 탈루를 사전에 차단한다. 경시적인 납세자들에 대해서는 세무조사 빈도를 늘리고 처벌을 강화한다.

동기부여 자세는 조세행동의 이면에 놓인 심리적 동인에 따라 조세회피의 질적 속성을 차별화하는 데 적용할 수 있다. 〈표 15〉에서 제시한 바와 같이 존중적 조세회피는 헌신·승복의 동기부여 자세와 관련되고, 경시적 조세회피의 이면에는 게임·저항·이탈의 동기가 작용한다. 탈세는 경시적인 동기를 가지고 불법적인 수단을 사용하는 조세회피이다. 경시적인 동기를 가지나 합법적인 수단을 사용하는 조세회피 전략의 정당성이 사후적으로 인정될지 여부는 사전적으로 단정하기 어렵다. 그러나 경시적 조세회피는 사후적인 성공 여부와 무관하게 심리적 납세불응으로 평가할 수 있다.[5)]

TABLE 15 동기부여 자세와 조세회피

<table>
<tr><th rowspan="2">구분</th><th>존중적 조세회피</th><th colspan="2">경시적 조세회피</th></tr>
<tr><th colspan="2">합법적 조세회피</th><th>불법적 조세회피</th></tr>
<tr><td>동기부여 자세</td><td>헌신, 승복</td><td>게임</td><td>저항, 이탈</td></tr>
<tr><td>수단의 합법성</td><td>합법</td><td>합법</td><td>위법</td></tr>
<tr><td>유사 개념</td><td>절세</td><td>부당한 조세회피,
공격적 세무계획</td><td>탈세, 조세포탈</td></tr>
<tr><td>조세부담
경감 의도</td><td>있음</td><td>있음</td><td>있음</td></tr>
<tr><td>전략 도구</td><td>정책적으로 장려하는
저축, 소비, 투자 등</td><td>조세회피 외의 다른
목적이 없는 우회거래
또는 다단계거래</td><td>매출 누락, 사업 무관
경비의 공제 등</td></tr>
<tr><td>법적 순응</td><td>납세순응</td><td>잠재적 납세불응</td><td>납세불응</td></tr>
<tr><td>심리적 순응</td><td>납세순응</td><td>납세불응</td><td>납세불응</td></tr>
</table>

5) Kang, M. (2016). A psychological perspective on tax avoidance: Deferential avoidance vs. defiant avoidance. eJournal of Tax Research, 14(1), 235–246.

미끄러운 경사 이론

ASY 모형이 출현한 이래 납세순응의 결정요인에 관한 사회과학 연구는 폭발적으로 증가였지만, 연구결과를 체계적으로 정리할 수 있는 개념적 틀이 부족하다는 문제가 제기되었다. 비엔나 대학의 심리학자 에릭 커클러(Erich Kirchler)와 그의 동료들은 납세자 행동에 관한 연구문헌을 광범위하게 조사하여 종합한 후 납세순응의 메커니즘을 두 차원의 동역학으로 설명하는 미끄러운 경사 이론(Slippery Slope Framework)을 제시하였다.6)

이론의 중요한 덕목은 간결함이다. 미끄러운 경사 이론은 납세순응에 영향을 미칠 수 있는 잠재적 요인들을 납세자들이 인식하는 정부힘(perceived Power of Authority)과 정부신뢰(perceived Trust in Authority) 두 차원으로 축약한다. 세무조사, 처벌의 수위, 효과적인 세원 관리 시스템 등 각종 경제적·제도적 요인들은 정부힘에 대한 납세자들의 인식 수준에 영향을 미친다. 조세제도의 공정성, 정부지출의 투명성, 세무행정 서비스 품질 등 각종 심리적 요인은 정부신뢰에 대한 인식 수준을 결정한다.

6) Kirchler, E., Hoelzl, E., & Wahl, I. (2008). Enforced versus voluntary tax compliance: The "slippery slope" framework. Journal of Economic Psychology, 29(2), 210–225.

미끄러운 경사 이론은 개인적·사회적 수준의 납세순응도 차이를 설명할 수 있는 개념틀(conceptual framework)이다. 정부힘과 정부신뢰의 동역학이 순응을 이끄는 심리적 메커니즘은 〈그림 6〉의 3차원 입체로 묘사될 수 있다. 납세순응은 강압적 순응(enforced compliance)과 자발적 순응(voluntary compliance)으로 나뉜다. 최종적인 순응도(사각기둥의 높이)에 이르는 경로는 강압적 순응과 자발적 순응의 조합으로서 음영의 경사면과 평면으로 표현된다. 정부힘과 정부신뢰는 각각 강압적 순응과 자발적 순응에 직접적인 영향을 미친다. 이에 더하여 정부힘과 정부신뢰의 상호작용 효과가 더해지면 순응도는 가파르게 상승한다. 이는 경사의 기울기가 직선으로 정비례하지 않고 기준점(0)에서 급상승하다 점점 완만해지는 형태로 표현된다.

FIGURE 6 미끄러운 경사 이론

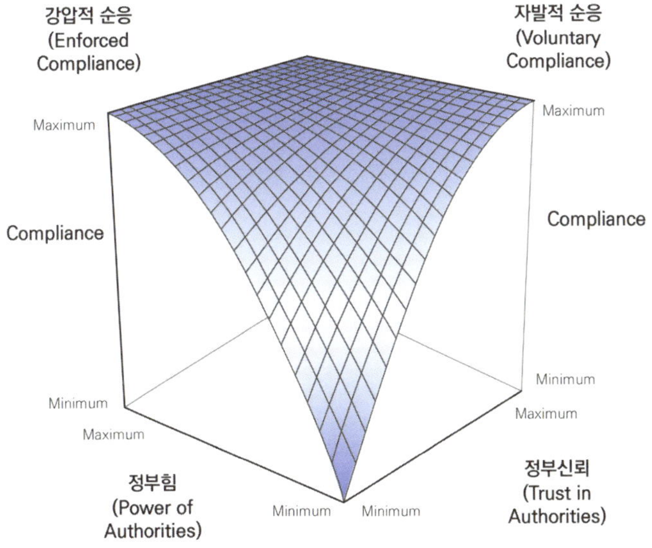

이론적으로는 정부힘 또는 정부신뢰라는 하나의 차원만으로도 완전한 순응에 도달할 수 있다. 그러나 현실적으로 정부가 완전한 힘 또는 절대적 신뢰를 확보하는 것은 불가능하다. 정부힘과 정부신뢰의 수준이 적절하게 조화를 이루면, 힘과 신뢰의 상호작용 효과로 인하여 단일 차원만으로 달성하기 어려운 높은 수준의 순응을 달성할 수 있다. 거꾸로 일단 높은 수준의 순응을 달성하더라도 정부힘이나 정부신뢰에 대한 부정적 인식이 생겨나면 순응도는 가파르게 하강곡선을 타고 미끄러져 내리게 된다.

미끄러운 경사 이론은 조세풍토(tax climate)에 따라 정부힘과 정부신뢰가 납세순응에 미치는 영향이 달라진다는 점을 강조한다. 특히, 조세법률관계의 사회적 표상은 조세풍토를 결정하는 가장 중요한 요소이다. '경찰과 도둑'의 표상을 가지는 적대적 관계는 사회적 불신을 조장한다. 반면에 '고객과 서비스'로 묘사되는 호의적 관계는 상호 신뢰의 분위기를 조성한다. 경찰과 도둑의 사회적 표상에 머문 사회에서는 명령과 통제를 바탕으로 하는 강압적 순응 전략에만 의존하게 된다. 반대로 고객과 서비스의 사회적 표상을 이룬 사회는 정부신뢰를 바탕으로 하는 자발적 순응의 시너지 효과를 기대할 수 있다.

미끄러운 경사 이론은 납세순응의 동역학을 넘어서 정책순응의 전반에 걸쳐 원용될 수 있는 통찰을 제시한다. 나아가 리더십의 근본적인 물음에 대하여 명쾌한 해답을 내놓는다. 순응을 유도하는 권위의 본질은 무엇인가? 그것은 바로 '신뢰할 수 있는 힘'이다.

11. 세무전문가의 조세행동

지식 노동자(knowledge worker)는 스스로 배우고, 생각하고, 자신의 성과에 책임을 져야 한다.

– 피터 드러커

세무대리인의 역할

세무 실무는 고도의 전문성과 기술성을 요구한다. 그러므로 납세자들이 세무신고와 세무위험 관리에 필요한 지식을 온전히 갖추어 독자적으로 납세의무를 이행하기는 현실적으로 매우 어렵다. 납세자들은 세무신고 및 기타 납세협력의무를 준수하는 데 필요한 전문적인 지식과 노하우를 시장에서 구매한다. 자영업자나 중소기업 경영자들 사이에서는 '골치 아픈 세금 문제는 세무사가 다 알아서 해준다'는 통념이 퍼져 있다. 일부 세무대리인들은 그러한 오해가 마치 사실인 것처럼 마케팅에 활용하기도 한다. 그러나 세무서비스의 품질은 세무대리인의 지식과 숙련도만으로 보장되지 않는다. 조세상황에 대한 납세자의 관심과 세무이슈에 대한 적절한 소통이 무엇보다 중요하다.

세무대리인의 역할은 세무서비스의 성격에 따라 다음과 같이 구분할 수 있다.

세무계획 수립: 거래를 실행하기 전 단계에서 전략적 세무 의사결정을 지원한다.

납세협력의무의 이행: 법령이 요구하는 각종 세무신고서를 작성하거나 그 정확성을 검토한다.

불확실한 세무 이슈에 대한 자문: 납세자의 조세채무에 영향을 미칠 수 있는 세무위험을 식별하고 대응책을 제안한다.

조세쟁송 대리: 세법의 해석과 적용에 관하여 납세자와 세무당국의 의견이 대립하는 경우 납세자의 입장을 대변한다.

세무대리인은 고객의 이익을 수호함과 동시에 조세제도의 파수꾼 역할을 동시에 수행하고 있다. 세무대리 업무의 공공성은 성실신고확인제도에서 뚜렷하게 드러난다. 세법은 일정 규모 이상의 개인사업자들에게 사업소득금액 계산의 기초가 되는 회계 기록의 진실성에 대하여 세무대리인으로부터 인증을 받도록 법적으로 강제하고 있다. 성실신고확인제도는 당초 세무검증제도라는 명칭으로 현금 매출 비중이 큰 일부 업종만을 대상으로 추진하였으나 관련 업계의 거센 반발로 좌초되었다. 그러나 곧바로 성실신고확인제도로 이름표를 바꾼 다음, 일정 규모 이상의 개인사업자들에게 전면 적용하는 방안으로 법제화되었다. 우리나라의 성실신고확인제도는 세계 최초로 서면 세무조사의 성격과 유사한 검증 업무를 민간에 위탁한 것으로 평가되고 있다.

모든 고소득 자영업자 세무검증..탈세 막는다[1)]

고소득 자영업자의 탈세 방지를 위해 모든 자영업자에게 세무검증제도를 도입하는 방안이 '성실신고확인제도'로 이름을 바꿔 국회 기획재정위원회를 통과했다. 이에 따라 세무검증 대상인 고소득 자영업자 수는 4만 6,700명으로 기존에 비해 두 배 이상 늘어나게 됐다. 또 전 · 월세 시장의 공급을 늘리기

1) 파이낸셜뉴스, 2011.3.7. https://www.fnnews.com/news/201103071636597990?t=y

위해 2 · 11 대책으로 발표됐던 세제지원 대책들도 재정위를 통과했다.
재정위는 7일 전체회의를 열고 성실신고확인제도로 이름을 변경한 세무검증 제도를 도입하는 내용의 소득세법 등 조세 관련 개정 법률안을 통과시켰다. 이 제도의 적용대상은 직전 과세기간 수입금액이 일정 기준금액 이상인 모든 업종 개인사업자다. 의사 및 변호사 등 일부 업종에서 전 업종으로 성실신고확인제를 확대 적용한 것은 '형평성 문제'를 고려, 여야 합의로 결정한 사항이라는 후문이다.

수입금액 기준은 5억 원 이상에서 업종별 기준금액은 차등화해 시행령에서 규정한다. 이에 따라 세무검증 대상 사업자는 2만여 명에서 4만 6,700여 명으로 두 배 이상 늘어났다. 명칭도 '세무검증제'가 민간인인 세무사에게 국가의 세무조사권을 위임하는 것처럼 보일 수 있다는 점에서 '성실신고확인제'로 변경됐다.

납세자는 세무위험을 자체적으로 식별하고 평가하기 어렵기 때문에 세무대리인과의 적절한 소통을 통하여 자신이 원하는 세무포지셔을 결정해야 한다. 따라서 세무대리인은 특정 거래에 수반되는 세무위험을 고객에게 적시에 알림으로써 세무포지션에 대한 기대 차이(expectation gap)를 줄여야 한다. 그런데 세무대리인이 세무위험에 대한 정보격차를 자신의 이익을 위해 오남용하는 경우 도덕적 해이(moral hazard) 문제가 발생하게 된다.

보수적 세무포지션은 납세자의 기대(준거점)를 보수적으로 관리하면서 가산세 위험을 해소할 수 있는 전략으로 유용하게 활용될 수 있다. 그러나 과도하게 보수적인 세무포지션을 지속적으로 택하는 경우 체계적으로 세금을 과오납하는 과다순응(overcompliance)문제가 발생할 수 있다. 세무대리인이 고객의 이익을 수호해야 하는 기본적 소임을 다 하지 않고 자신의 이익을 위해 보수적 포지션만을 고집하는 행태는 세무대리인의 조세불응이다.

일부 세무대리인들은 절세와 ATP를 의도적으로 혼용하거나, 탈세 수단을 절세전략으로 기망하여 납세자를 과도하게 공격적인 세무포지션으로 유도하기도 한다. 세무대리인의 조언에 따른 세무포지션이 사후적으로 세무당국에 의해 부인되어 납세불응으로 판명되면 납세자는 큰 충격에 빠진다. 세무대리인은 세금 절감 효과와 더불어 잠재적인 세무위험을 고객에게 알릴 의무가 있다. 공격적 세무포지션에 수반되는 세무위험을 고객에게 제대로 알리지 않는 도덕적 해이는 세무대리인의 조세불응이다.

"탈세 아닙니다!" 울부짖는 세무사기 피해자들[2]

사기 행각의 주인공인 유모 세무사는 서울 봉천동에서 세무사사무소를 운영하면서 온라인 광고와 오프라인 설명회 등을 통해 세금환급과 저가수임료를 약속하며 고객을 대거 유치했다. 합법적으로는 불가능한 세금환급을 약속하며 프리랜서들로부터 세금신고대행 업무를 무더기로 수임했고, 환급을 위해 허위로 신고했다가 뒤늦게 적발됐다.

관련 프리랜서들은 국세청으로부터 5년 전인 2011년 이후의 종합소득세 신고가 모조리 잘못됐다는 내용의 통보를 최근에서야 받았다. 애초에 세무대리인을 통해 신고한 내용이 허위였으니 새롭게 증빙 자료 일체를 제출하라는 요구

2) 택스워치, 2017.03.15. https://www.taxwatch.co.kr/article/tax/2017/03/15/0022

다. 증빙을 제출하지 못할 경우 덜 낸 종합소득세와 가산세를 합쳐 수천만 원에서 수억 원의 세금을 내야 하는 상황이다.
해당 프리랜서들은 세무사기를 당한 것이지 탈세를 한 것은 아니라며 억울하다는 입장이다. 이들은 온라인 카페를 개설해서 모임을 갖고 국세청 앞에서 단체시위를 하는 등 집단행동을 하고 있지만 과세당국은 강경한 입장이다. 세법상 소득세는 자진신고 세금인 데다 증빙서류를 5년간 보관하도록 하는 의무도 있어서 입증서류가 없으면 합법적인 구제가 어렵기 때문이다.

시장 지상주의와 시장규범의 확산에 따라 세무대리인들이 공공복리에 대한 고려 없이 상업주의에 지나치게 경도되어 있다는 비판이 제기되고 있다. 자신의 이익만을 추구하면서 덤핑 경쟁을 일삼고 탈세에 적극적으로 가담하는 행태는 조세시스템의 건전성과 전문직(profession)에 대한 신뢰를 훼손하는 세무대리인의 조세불응이다.

"세무사가 탈세 조력?"…점점 늘고 있다[3)]

절세가 아니라 탈세상담을 해 징계받은 세무사 수가 올해 들어 급증한 것으로 나타났다. 전문자격사라는 본분을 망각한 처사이며 도덕적 해이가 도를 넘었다는 비판이 나온다.
10일 관보에 따르면 올해 세무사징계위원회에서 징계를 받은 세무사는 모두 27명이다. 3월과 5월, 6월 모두 세 차례 징계가 이뤄졌는데 각각 5명, 11명, 11명의 세무사가 징계를 받았다. 27명을 징계유형별로 보면 과태료가 16명

3) 한국세정신문, 2022.6.10. https://www.taxtimes.co.kr/news/article.html?no=255066

(59.3%)으로 가장 많다. 이 가운데 법 위반 정도가 심해 1천만 원을 부과받은 세무사는 5명에 이른다.

특히 징계사유에서 '탈세상담 금지' 규정을 위반한 세무사의 수가 예년에 비해 늘고 있어 우려를 낳고 있다.

올해 탈세상담으로 징계를 받은 세무사는 27명 중 6명(22.2%)으로, 최근 5년간 같은 사유의 징계자 비율이 5%가 채 안 되는 점에 비춰볼 때 높은 수치다. 세무사계는 과당경쟁 및 덤핑과 세무대리시장 여건 악화의 결과물로 풀이하고 있다.

세무전문가의 공격성

세무대리인의 공격성이란 애매모호한 조세 상황에서 세무대리인이 납세자에게 유리한 방식으로 법령을 해석하여 공격적인 세무포지션을 제안하는 것을 일컫는다. 세무자문이 세무당국에 의해 부인될 위험을 그 정도의 차이에 따라 연속선으로 표현한다면 탈세에 적극적으로 가담하는 것은 연속선의 오른편 끝단에 위치한다. 반대로 의도적으로 과다순응을 유도하는 행태는 연속선의 왼쪽 끝단에 위치한다.

세무위험에 대응하는 방식은 세무대리인의 특성, 상황적 맥락, 의사결정 프레임 등에 따라 차이가 날 수 있다. 세무대리인 공격성에 영향을 미치는 주요 요인은 다음과 같다.

고객의 압력: 위험추구를 선호하는 고객에게 공격적인 포지션을 권유할 가능성이 높다.

고객 옹호(client advocacy): 세무전문가는 고객 옹호와 조세시스템의 건전성 수호라는 이중의 책무 사이에서 적절한 긴장과 균형을 유지해야 한다. 세무대리인의 고객 옹호는 자신의 주된 충성심이 납세의무자에게 편중된 마음 상태이다.[4)]

4) Mason, J. D. and L. Garrett Levy (2001). The use of the latent constructs method in behavioral accounting research: The measurement of client advocacy.

계획단계와 신고단계: 애매모호한 법령을 해석할 때 세무계획을 수립하는 단계(거래 실행 전)보다 세무신고를 대리하는 단계(거래 실행 후)에서 보다 공격적인 행태를 보인다.[5)]

추납 또는 환급포지션: 납세자가 추납을 손실로 인식하는 경우 손실을 회피하기 위한 공격적인 자문을 할 가능성이 높다.[6)]

세무전문가 공격성의 또 다른 측면은 세무조사관의 공격성이다. 세무조사관 공격성을 유발하는 구조적 요인으로 크게 두 가지를 지적할 수 있다. 첫째, 업무 성과를 세금추징 실적에 따라 평가하는 인사정책은 세무조사관의 공격성을 유도한다. 이러한 정책은 추징세액이 세무조사관의 노력에 비례한다는 가정에 근거하고 있다. 그러나 납세자가 실수를 많이 하면 세무조사관이 크게 노력하지 않아도 추징세액은 커진다. 오히려 무리하게 목표 추징액을 달성하려는 과정에서 성실하게 신고한 납세자에게 더욱 공격적인 세무조사가 이루어질 수도 있다는 역설에 직면한다. 따라서 실적주의에 경도된 세무조사관의 공격성은 납세자의 전략적 과소순응(의도된 실수)을 유발할 수 있다.

둘째, 조세행정에 대한 내부통제 절차가 과소순응을 적발하여 잠재적 세원을 발굴하는 데 치중된 경우 세무조사관의 공격성이 강화된다. 세무당국의 업무감사는 대개 과세처분이 가능한 조세상황에서 과세

Advances in Taxation. 13: 123–139.

5) Spilker, B. C., et al. (1999). "Tax professionals' interpretations of ambiguity in compliance and planning decision contexts." Journal of the American Taxation Association 21(2): 75–89.

6) Schmidt, D. R. (2001). The prospects of taxpayer agreement with aggressive tax advice. Journal of Economic Psychology, 22(2), 157–172.

가 제대로 되지 않았거나, 경정청구에 따른 감액경정의 대상이 아님에도 환급이 된 상황을 주로 문제 삼는다. 따라서 세무조사관은 내부감사 지적사항을 피하기 위해서 애매하면 국가에 유리하게 사무를 처리하는 편향된 의사결정을 하게 된다.

'누더기 세법' 본인들도 모호하자…일단 세금 부과하고 보는 국세청[7]

납세자의 조세 불복 급증에는 고질적인 '징세 편의주의'가 영향을 주고 있다는 게 전문가 지적이다. 세금을 적게 부과하면 감사원의 감사 대상이지만, 세금을 무리하게 부과할 때는 과세 오류가 인정되더라도 불이익이 없기 때문이다. 김상훈 국민의힘 의원이 국세청에서 제출받은 자료에 따르면 2017년부터 지난해까지 조세 불복 사건에서 귀책이 인정된 국세청 직원은 657명이다. 이 중 644명이 경고·주의 처분을 받았다. 징계는 단 한 명도 받지 않았다. 한 세무사는 "법을 적극적으로 해석해 세금을 크게 때려도 문제가 안 되기 때문에 무리한 과세가 계속되고 있어 오류도 많은 것"이라고 지적했다.

조세법의 해석과 적용이 애매모호한 조세 상황에서는 과세요건이 되는 사실판단이나 법령해석 방식에 따라 조세채무의 존부와 범위가 달라진다. 조세쟁송은 적법하게 조세채권을 확보하려는 세무당국과 부당한 재산권의 침해를 방어하려는 납세자 간의 이해관계 충돌로 인한 분쟁을 법적으로 해결하는 제도이다. 조세쟁송을 거쳐 과세처분이 사후적으로 취소되는 경우를 흔히 부실과세라 일컫는다.

7) 한국경제, 2022. 8. 7. https://www.hankyung.com/article/2022080735261

국세청, 지난 5년간 부실과세 드러나 8조원 되돌려줬다[8)]

지난 5년간 국세청이 잘못 걷어 다시 돌려주기로 결정한 세금 환급금(가산이자 포함)이 31조원을 넘은 것으로 나타났다. 환급사유별로 살펴보면, 납세자가 직접 과오납에 대한 세금 환급을 요구해 환급이 결정된 경정청구 금액이 18조 933억 원으로 절반 이상(57.6%)을 차지했다. 국세청의 부실과세에 따른 불복환급액은 8조 426억 원(25.6%), 납세자의 착오·이중납부에 의한 환급은 3조 4천 904억 원(11.1%)으로 나타났다. 국세청이 과오납을 먼저 인정하고 세금을 돌려주는 직권경정은 5.6%(1조 7천 714억 원)에 불과했다.

세법의 모호성과 사실관계의 복잡성으로 인하여 과세처분의 적법성에 대한 전문가적 판단은 달라질 수 있다. 그러므로 세무조사관의 판단이 항상 심판관의 판단과 일치하기를 기대하는 것은 불가능하다. 따라서 세법 적용의 회색지대에서 벌어지는 다툼에서 사후적으로 납세자 청구가 인용되었다는 결과만을 두고서 섣불리 부실과세라고 단정해서는 안 된다.

세무전문가의 역할에 관한 협상이론에 따르면 세무대리인과 세무조사관은 각각 납세자와 정부의 대리인으로서 양측의 상호작용 방식은 납세풍토에 영향을 미친다.[9)] 국고주의에 경도된 세무조사관의 공격성은

8) 한국세정신문, 2024. 10. 15. https://www.taxtimes.co.kr/news/article.html?no=266718

9) Frecknall-Hughes, J. and E. Kirchler (2015). Towards a General Theory of Tax Practice. Social & Legal Studies 24(2): 289-312.

고객 옹호의 일면으로 이해할 수 있다. 그런데 형평이론에 따르면 한 측의 지나친 공격성은 상대측의 공격성을 유발한다. 따라서 법의 테두리 안에서 최대한 세금을 많이 걷으려는 세무조사관의 공격성은 합법적인 수단을 모두 동원하여 최대한 세금을 줄이려는 납세자 측의 ATP를 정당화한다.

세무전문가의 편향

세무대리인은 세무당국에 의하여 세무포지션이 부인될 가능성을 고려해야 하며, 세무조사관은 조세쟁송에서 과세처분이 유지될 가능성을 평가해야 한다. 세무상의 쟁점을 파악하고 적절한 세무처리를 판단하기 위하여 세무전문가는 해당 거래와 유사한 선례 또는 유권해석을 검토한다. 이때 정보를 수집하고 처리하는 방식에 따라 세무전문가의 판단은 달라질 수 있다.

확증 편향(confirmation bias)이란 기존의 신념에 부합하는 사실을 과대평가하는 인지적 오류를 말한다. 확증편향을 가진 세무전문가들은 직관에 근거하여 어떤 결론에 먼저 도달한 다음 그 결론을 합리화시키는데 필요한 사실에만 주목한다. 자신의 신념에 반하는 증거의 가치를 낮게 평가하거나 신념에 부합하는 증거에 천착한다. 고객의 압력이나 고객 옹호 성향은 유권해석이나 선례를 평가하는 과정에서 세무전문가의 확증편향을 가중시킨다.[10)]

후견 편향(hindsight bias)이란 사후적으로 어떤 사건이 발생하였음을 이미 안 상태에서 그 사건이 발생하기 전 시점에서 사전적으로 사건의

---

10) Cloyd, C. B., & Spilker, B. C. (1999). The influence of client preferences on tax professionals' search for judicial precedents, subsequent judgments and recommendations. The Accounting Review, 74(3), 299–322.

발생 가능성을 과대평가하는 인지적 편향을 일컫는다. 예컨대 공급자가 사실과 다른 세금계산서를 수령한 정당한 사유가 존재하는지 여부는 납세자가 세금계산서를 수령할 당시를 기준으로 판단해야 한다. 사업자가 위장사업자로부터 세금계산서를 발급받는 경우 거래징수된 매입세액을 공제받지 못하고 위장세금계산서 수령에 대한 가산세가 부과된다. 다만, 동 사업자가 정당한 주의의무를 다하였으며, 위장세금계산서를 발급받은 데 과실이 없음을 입증하는 경우 불이익에서 벗어날 수 있다. 따라서 거래 당시에 납세자가 거래상대방이 위장사업자라는 사실을 알았거나 알 수 있었는지 여부가 쟁점이 된다.11)

거래상대방이 자료상으로 판정되었다는 사후적인 사실을 바탕으로 납세자가 조금만 주의를 기울였다면 가공세금계산서임을 알 수 있었을 것이라 성급하게 추단하는 것은 후견편향에 해당한다. 아래 기사는 위장세금계산서 수령에 관하여 선의의 거래당사자 여부를 판단할 때 후견편향이 발생할 수 있음을 암시한다.

'위장사업자' 모르고 물품 거래한 회사…법원 "세금 취소해야"12)

코스닥 상장사인 A사는 2019년 한 업체를 흡수합병했다. 해당 업체는 B사와 휴대폰 충전기 거래 명목으로 공급가액 7억 3,200여 만 원의 세금계산서

11) 실제 공급하는 사업자와 세금계산서상 공급자가 다른 세금계산서는 공급받는 자가 세금계산서의 명의위장 사실을 알지 못하였고, 알지 못한 데에 과실이 없다는 특별한 사정이 없는 한 그 매입세액은 공제 내지 환급받을 수 없는 것이고, 공급받는 자가 위와 같은 명의위장 사실을 알지 못하였고, 알지 못한 데에 과실이 없다는 점은 매입세액의 공제 내지 환급을 주장하는 자가 입증하여야 한다(대법원 1995. 3. 10. 선고 94누13206 판결).

12) 뉴스핌, 2024. 1. 15. https://www.newspim.com/news/view/20240112000779

를 받아 2015년 2기 부가가치세액(7,320여 만 원)을 매입세액으로 공제해 부가가치세를 확정신고했다. 또 C·D사와 휴대폰 거치대 거래 명목으로 각각 5억 1,000만 원, 4억 5,200만 원의 세금계산서를 수취하고 합계 9,620만 원의 부가가치세액을 매입세액으로 공제한 뒤 2016년 1기 귀속 부가가치세 예정신고 및 확정신고를 했다.

세무당국은 2020년 8월~11월 A사에 대한 세무조사를 실시한 뒤 각 세금계산서가 재화의 공급 없이 수수한 가공세금계산서라고 보고 2015년 2기 귀속 부가가치세 1억 5,300여 만 원, 2016년 1기 귀속 부가가치세 1억 9,700여 만 원을 각 경정 · 고지했다. 이에 불복한 A사는 부가가치세 부과처분을 취소해달라며 소송을 제기했다.

소송에서 A사는 B·C사로부터 실제 물품을 공급받고 대금을 지급한 뒤 세금계산서를 수취했다며 가공거래가 아니라고 주장했다. 또 설령 해당 업체들이 '자료상(사업자등록을 해놓고 가짜세금계산서를 발행해 수수료를 챙기는 자)'에 해당하더라도 위장거래를 알지 못해 과실이 없다고 했다. 반면 세무당국은 실물 거래가 존재했다 하더라도 '자료상'으로 확정된 B·C사가 실제 공급자가 될 수 없고 실제 사업자를 확인하지 않은 A사에도 과실이 있다고 맞섰다.

재판부는 A사와 B·C사와의 거래가 가공거래가 아니라고 판단, 해당 부가가치세 부과처분을 취소하라고 했다. 제3의 업체가 B·C사의 명의를 이용해 A사에게 물품을 공급한 것으로 보이지만 A사가 B·C사와 거래를 통해 매입한 휴대폰 충전기와 거치대를 판매한 매출 내역이 존재해 가공의 세금계산서로 볼 수 없다는 것이다. 재판부는 A사가 거래 상대방이 위장사업자인지 여부를 적극적으로 조사할 의무는 없고 거래 당시 정상적으로 사업자등록이 된 B·C사에 대해 선의, 무과실 상태였다고 봤다. 이어 "만일 원고가 위장거래라는 점을 알면서도 부가가치세 등을 지급했다면 이는 스스로 부가가치세를 이중으로 부담할 위험을 떠안게 되는 것이어서 사회 통념상 이례적"이라며 "원고는 이 사건 거래 당시 실제 공급자와 세금계산서상의 공급자가 다른 명의 위장 사실을 알지 못했고 알지 못한 데에 과실이 없는 특별한 사정이 있다"고 설명했다.

대표성 편향(representativeness bias)이란 어떤 사건이나 대상이 특정 범주를 대표하는 전형적인 속성을 가졌다고 인식하는 경우 기존의 고정관념에 따라 그 사건 또는 대상을 같은 범주로 분류하는 것을 의미한다. 예컨대 구체적인 조세회피 방지 규정 중의 하나인 부당행위계산 부인은 특수관계인 간의 거래에서 일방이 정상적인 이익을 포기함에 따라 납부해야 할 세금이 덩달아 줄어드는 세법상의 효과를 부인한다. 그러나 조세회피라는 결과가 특수관계인 거래의 주된 목적이 아니라 동 거래의 부수적 결과물인 경우도 적잖이 존재한다.

특수관계인 거래의 결과로서 조세부담이 감소했다는 사정만을 두고 사전적인 조세회피 의도가 있었음을 추단하는 것은 대표성 편향에 해당한다. 아래 기사는 부당행위계산 부인 규정을 적용할 때 대표성 편향이 발생할 수 있음을 암시한다.

세무당국 "오리온, 부당거래" 수십억 추징했지만..법원 "조세회피 아냐"[13)]

■ 오리온, 큰 손실에 계열사와 납품가 조정

오리온스낵인터내셔널(OSI)은 오리온에 청주·이천공장에서 생산한 포카칩,

13) 파이낸셜뉴스, 2019. 10. 24. https://www.fnnews.com/news/201910241400104897

오징어땅콩 등 과자류를 납품해 왔다. 오리온은 △과대포장 관련 소비자 불만 △대형마트 출점 축소 △의무휴업 도입 및 PB제품 출시 등으로 시장이 침체되면서 2013년도 스낵사업부문에서 큰 손실이 발생하자 계열사인 OSI에 도움을 요청했다. 이에 OSI와 오리온은 공급가격에 반품 및 에누리 비율을 반영해 매입률(오리온의 총 매출액에서 매입가격이 차지하는 비율)을 기존보다 낮추는 내용의 정산 합의서를 체결했다.이에 따라 오리온이 OSI에 지급해야 할 납품가도 줄어들었고, OSI는 2014년 1월 60억 원을 오리온에 돌려줬다. 이후 서울지방국세청은 OSI에 대한 세무조사를 실시한 후 '오리온 관련 매출에서 60억 원을 감액한 것은 경제적 합리성 없이 특수관계인에게 이익을 나눠 조세부담을 부당하게 줄인 것'이라고 판단했다. 이에 관할세무서인 용산세무서는 2016년 5월 OSI에 대해 법인세 약 36억 원, 부가가치세 약 8억 원 등 총 44억 원을 추징했다. OSI는 이에 불복해 조세심판원에 심판청구를 했으나 받아들여지지 않자 오리온과 오리온홀딩스는 용산세무서를 상대로 소송을 제기했다.

■ 법원 "합리적 경제인 입장서 수긍돼"

이번 사건의 쟁점은 OSI의 매출 감액이 부당행위계산부인의 대상이 되는지 여부다. 부당행위계산부인이란 세금을 부당하게 적게 내기 위한 기업들의 행위 또는 회계처리에 대해 세무당국이 이를 인정하지 않는 특별규정이다.

1심은 "양사의 정산 합의가 경제적 합리성을 갖추지 못한 비정상적인 결정에 해당한다고 볼 수 없다"며 오리온 측의 손을 들어줬다. 재판부는 "독점판매권을 가진 오리온의 스낵제품 판매가 증가할수록 OSI의 매출과 영업이익도 증가되는 관계"라며 매입률 조정은 판매자인 오리온의 판매행위 촉진과 OSI의 안정적인 이익 확보를 위한 결정이라고 봤다. 이어 "정산의 대상기간인 2013년에는 오리온 스낵사업부문의 에누리·반품 등 비율이 모두 증가돼 영업

손실까지 발생했다"며 OSI가 오리온에 60억 원을 지급한 것은 합리적인 경제인의 입장에서 수긍할 수 있다고 판단했다.

재판부는 "OSI는 오리온의 100% 자회사로 사실상 경제적 이해관계를 같이 하고 있다"며 "정산금을 누구에게 귀속시키더라도 전체 법인세의 차이가 없으므로 조세부담을 회피할 의도라고 보기 어렵다"고 판시했다. 이에 따라 오리온 측에 대해 세무당국이 내린 약 44억 원의 부과처분을 취소하라고 판결했다. 재판부는 다만 "오리온 측이 조세부담을 부당하게 회피하거나 경감시킨 것으로 보이지 않는다"면서 "법인세가 경감된 사실만으로 이를 부당행위라고 보긴 어렵다"며 구체적으로 1심과 같은 판단을 내렸다.

닻내림 효과(anchoring effect)는 사람들의 판단이 초기의 기준점(닻, anchor)에 지나치게 영향을 받는 인지 편향을 의미한다. 예컨대 조세쟁송의 심판관이 사건을 심리할 때 최신 정보나 자신에게 익숙한 정보를 과대평가하고 낯선 정보를 과소평가하는 가용성 편향(availability bias)이 생길 수 있다. 가용성 편향과 닻내림 효과는 직관에 따라 형성한 당초 의견으로부터 이탈을 꺼리는 현상 유지 편향(status quo bias)으로 이어지게 된다. 따라서 조세심판관이 초기에 설정한 기준점(인용 또는 기각)은 최종 판단에 큰 영향을 미치게 된다.

세무당국의 조세불응

통제를 벗어난 권력은 개인 또는 집단의 이익을 지키기 위한 수단, 타인에게 군림하기 위한 수단으로 쉽게 변질된다. 법치주의란 국민의 기본권을 보장하기 위하여 법률로서 공권력의 행사를 통제해야 한다는 원칙을 말한다.[14] 헌법과 법률이 부여한 권한을 사익의 편취나 집단의 위세를 과시할 목적으로 오남용하는 것은 법치주의 정신을 파괴하는 권력기관의 불응이다.

국가기관이 공권력을 정치적 탄압의 도구로 악용하는 행위는 합법으로 위장된 불응이다. 사법박해(judicial harassment)란 권력기관이 사법 시스템을 활용하여 특정 개인이나 집단에게 부당한 신체적·정신적 고통을 주는 행위를 의미한다. 이는 형식상 절차의 정당성을 갖춘 것처럼

14) 법치국가원리는 국가권력의 행사가 법의 지배 원칙에 따라 법적으로 구속을 받는 것을 뜻한다. 법치주의는 원래 국가권력의 자의적 행사를 막기 위한 데서 출발한 것이다. 국가권력의 행사가 공동선의 실현을 위하여서가 아니라 특정 개인이나 집단의 이익 또는 정파적 이해관계에 의하여 좌우된다면 권력의 남용과 오용이 발생하고 국민의 자유와 권리는 쉽사리 침해되어 힘에 의한 지배가 되고 만다. 법치주의는 국가권력의 중립성과 공공성 및 윤리성을 확보하기 위한 것이므로, 모든 국가기관과 공무원은 헌법과 법률에 위배되는 행위를 하여서는 아니 됨은 물론 헌법과 법률에 의하여 부여된 권한을 행사할 때에도 그 권한을 남용하여서는 아니 된다. 따라서 세무조사가 과세자료의 수집 또는 신고내용의 정확성 검증이라는 그 본연의 목적이 아니라 부정한 목적을 위하여 행하여진 것이라면 이는 세무조사에 중대한 위법사유가 있는 경우에 해당하고 이러한 세무조사에 의하여 수집된 과세자료를 기초로 한 과세처분 역시 위법하다고 보아야 한다(대법원 2016. 12. 15. 선고 2016두47659 판결).

보이나, 실질적으로는 위협 그 자체를 목적으로 하는 행위다. 예컨대 전략적 봉쇄소송(SLAPP, Strategic Lawsuit Against Public Participation)은 법적 소모전을 벌임으로써 상대방의 공공활동 참여를 심리적으로 압박하는 전술이다. 사법박해가 초래하는 위협은 아래의 세 가지 경로로 나뉜다.

경제적 압박: 소송 비용을 발생시켜 상대방을 파산으로 몰아넣는다.
심리적 소모: 장기간의 소송 과정에서 정신적 피로감을 유발한다.
사회적 낙인: 범죄자라는 낙인을 찍는다. 사후적으로 무죄판결이 나더라도 한 번 각인된 범죄자의 프레임은 오래 지속된다.

세정당국은 조세제도의 절차적 공정성을 수호해야 할 의무가 있다. 따라서 정치적 탄압의 수단으로 세무조사를 오용하거나 세수 결손을 보전할 목적으로 세무조사를 남발하는 행위는 세정당국의 조세불응이다. 아래 기사는 세무조사의 정치적 오남용이 초래하는 비극의 단면을 잘 보여준다.

국세개혁TF "태광실업 세무조사 등 5건 조사권 남용 의심"[15)]

국세청이 운영 중인 국세행정개혁 태스크포스(TF)가 2008년 태광실업에 대한 세무조사 등 5건의 세무조사에 대해 중대한 조사권 남용이 의심된다는 결론을 내렸다. TF는 관련자들에 대한 적법 조치와 함께 강력한 재발 방지 대책 마련을 권고했다.

15) 세계일보, 2017. 11. 20. https://www.segye.com/newsView/20171120005009

국세청은 국세행정개혁 TF가 과거 세무조사를 점검한 결과 이런 결론을 내렸다고 오늘(20일) 밝혔다. 당초 TF는 중간 진행 상황은 공개하지 않고 TF 활동이 마무리되면 최종 결과를 공개할 방침이었지만 최근 국정감사에서비공개 운영에 대한 비판이 제기되고 국민의 알 권리를 충족시킬 필요가 있다는 지적이 제기돼 중간 진행 상황을 공개했다.
TF 점검 결과 2008년 태광실업 세무조사 등 5건의 세무조사에서 국세기본법상 중대한 조사권 남용의 의심되는 등 문제점이 확인됐다. TF는 2008년 태광실업 관련 2건의 세무조사에서 "조사 과정 전반에서 중대한 조사권 남용이 있었을 것으로 합리적 의심을 할 수 있다"며 "세무조사의 중립성과 공정성 등을 위배한 소지가 있다"고 밝혔다.
2008년 8월 '박연차 게이트' 수사의 시작이 된 태광실업 특별세무조사는 검찰 조사로 이어졌고, 이 과정에서 고 노무현 전 대통령이 박연차 회장 측으로부터 돈을 받은 의혹이 불거져 나왔다.
TF는 조사 대상으로 선정한 태광실업 관련 기업 범위가 지나치게 확대된 측면이 있다고 지적했다. 일부 업체는 세금 탈루 혐의가 미미함에도 조사 대상이 됐고, 조사 대상 과세기간을 과도하게 확대하고 중복 조사를 한 경우도 있었다고 설명했다. 또 조사 착수 직전에야 관할 조정(교차조사) 승인을 받는 등 조사 절차가 형식적으로 운영된 것으로 보인다고 지적했다. 당시 태광실업 세무조사는 관할인 부산지방국세청이 아닌 서울지방국세청 조사4국이 담당하는 교차조사가 이뤄져 표적조사라는 의혹이 제기됐었다.

국가기관이 헌법과 법률이 정한 범위 내에서 적법하게 행사해야 할 권한을 정당한 사유 없이 행사하지 않는 행위 역시 절차적 공정성을 훼손하고 사법 시스템의 건전성을 파괴하는 불응이다. 예컨대 과거 에버랜드 전환사채의 저가발행 사건이 논란이 되었던 당시의 상속증여세법은 열거주의 과세방식을 채택하고 있었다. 따라서 전환사채의 저가인수로 얻은 경제적 이익에 대하여 증여세를 과세할 수 없었다. 그러나 신주인수권부 사채를 저가발행하여 경영권을 편법승계한 유사 사안에서 세정당국은 신주인수권부 사채의 저가인수를 포기한 법인주주에게 부당행위계산부인을 적용한 다음, 뒤따르는 소득처분을 통하여 대주주의 지위를 승계한 개인에게 소득세를 부과한 사례가 있었다. 그런데 에버랜드 전환사채의 저가발행 사건의 경우 세정당국이 과세권을 행사하지 않음에 따라 해당 쟁점을 다투는 조세쟁송 자체가 진행되지 않았다.

韓부총리, "에버랜드 과세문제 검토하겠다"[16)]

열린우리당 박영선 의원은 11일 "삼성에버랜드 전환사채(CB) 저가발행에 대해 현행 법인세법으로 세금을 과세할 수 있다"고 밝혔다.

박 의원은 이 날 국회 재경위의 재경부에 대한 국정감사에서 "법원이 지난 96년 삼성에버랜드가 이건희 회장 아들인 이재용 씨 등에게 전환사채를 저가로 발행한 것은 배임에 해당되고 주당 평가금액도 12만 원이 넘는 것으로 인정했기 때문에 저가발행에 동조한 삼성 계열사와 이재용 씨 등에게 국세청이 세금을 추징해야 한다"고 말했다. 박 의원에 따르면 법원 판결문에서 당시 에버랜드 주가를 12만 7,755원으로 인정할 수 있다고 했기 때문에 이를 근거로 추징할 수 있는 세액은 2,790억 원 정도라는 설명이다.

특히 박 의원은 "지난 2002년 5월 국세심판원은 법인주주가 포기한 신주인

16) 조세일보, 2005. 10. 11. https://n.news.naver.com/mnews/article/123/0000003350?sid=119

수권을 대주주 아들에게 저가에 배정한 사건에 대해 법인세법상 부당행위계산 부인 규정에 따라 과세를 해야 한다고 결정한 바 있다"며 "이 사건과 에버랜드의 차이점은 신주인수권이 신주전환 가능한 전환사채로 바뀐 것"이라고 밝혔다.

박 의원은 이어 "2007년 상반기까지가 세금을 추징할 수 있는 기간인 만큼 국세청은 하루빨리 과세를 위한 후속조치를 취해야 한다"며 "과세가 가능하다는 법원과 국세심판원 등의 판례가 있음에도 국세청이 과세 조치를 취하지 않는 것은 직무유기"라고 지적했다.

이와 관련해 한덕수 부총리 겸 재정경제부 장관은 "에버랜드 문제와 같은 범죄행위가 일어났을 당시 세제가 갖춰져 있었느냐는 문제를 따져봐야 한다"며 "지금은 얼마든지 부당행위 계산부인이 가능하지만 에버랜드 사건 당시 규정이 정리되어 있었는지 검토해봐야 할 것"이라고 설명했다.

관료주의의 타성 또는 부처 이기주의에 매몰되어 제도의 개선에 조직적으로 저항하는 행태는 행정관료들의 집단적 불응이다.

'세제 대개혁' "부처 간 이기주의로 번번이 좌초"[17)]

국세와 지방세를 포괄하는 세제 대개혁 구상이 재경부와 행자부의 보이지 않는 이기주의로 번번이 무산되고 있다는 지적이 제기됐다.

고려대 이만우 교수는 재정포럼 10월호에 기고한 '2001년 세제개편안의 평

17) 한국일보, 2020. 10. 18. https://www.hankookilbo.com/News/Read/A2022101816340004887

가'라는 글에서 "해마다 반복되어 온 땜질식 세제개편보다는 세계화와 국제화에 걸맞은 중장기적 안목에서 새로운 틀을 디자인하는 세제개편안이 필요하다"며 "지방세를 포함하는 새로운 세제가 구상돼야 한다"고 역설했다. 특히 이 교수는 "이제까지 국세와 지방세를 포괄하는 세제의 대개혁이 계속 실패해 온 이유는 부처간의 알력으로 생긴 이기주의 때문"이라고 지적하면서 "국세와 지방세의 세목조정은 물론 세목의 단순화, 징세행정의 일원화, 목적세의 축소조정 등 다각적인 개편 노력이 체계적으로 이루어야 한다"고 주장했다.

세무조사관은 정부를 대행하여 공정하게 세금을 걷어야 함과 동시에 납세자의 권익이 침해되지 않도록 주의를 기울여야 한다. 징세청부제도(tax farming)가 활용된 시절에는 가혹한 세금의 징수로 인한 사회적 폐해가 많이 발생하였다. 그러나 세무행정에 전문 관료 시스템이 정착된 이후 세무공무원의 통상적인 보수는 세금 징수액과 직접적인 상관관계를 가지지 않게 되었다. 이에 따라 세무조사관이 법정 세액보다 세금을 적게 징수하여 그 차액을 납세자와 나누려는 경제적 유인이 발생하게 되었다. 세무조사권을 사적인 목적으로 악용하거나 탈세를 눈감아주는 대가로 뇌물을 수수하는 것은 납세자의 조세포탈에 상응하는 세무조사관의 조세불응이다.

'세무조사 무마' 대가 수천만 원 뇌물 챙긴 세무공무원들[18)]

자료상 업체로부터 세무조사 무마 등을 대가로 수천 만 원의 뇌물을 받은 현직 세무공원들이 재판에 넘겨졌다. 자료상 업체는 사업자 등록만 하고 실제 거래 없이 허위 세금계산서를 발행해 수수료를 챙기는 곳을 말한다.

서울서부지검 공정거래 · 경제범죄전담부는 18일 현직 세무공무원 A씨와 B씨를 특정범죄가중처벌법 위반(뇌물) 및 청탁금지법 위반 혐의로 구속기소했다고 밝혔다. 이들에게 금품을 건넨 자료상 업체 운영자 C씨 등 두 명은 뇌물공여 및 청탁금지법 위반 등 혐의로 불구속 기소했다.

A씨에게는 2018년 3월부터 2020년 4월까지 세무조사를 무마해 달라는 업체 측 요청을 받고 7,150만 원을 수수한 혐의가 적용됐다. B씨도 2018년 1월부터 지난해 12월까지 고객유치를 대가로 7,800여 만 원을 받아 챙겼다.

C씨는 세무사 사무장으로 일하며 자료상 업체를 운영한 것으로 드러났다.

정책 도구의 역할이 강조되면서 세법은 지나치게 빈번하게 개정되고 있다. 예외 조항이 난무하는 특례입법은 조세원칙을 뒤흔들며 법령을 누더기로 만든다. 세제개편이 정치적 상황에 휘둘리면 세무당국에 대한 불신이 조장되고 조세체계의 법적 안정성이 훼손된다. 정부가 조급증과 강박증에 시달리고 있다는 인상을 전달하여 정책 전반에 대한 국민의 불신이 확산된다.

---

18) 조세일보, 2001. 10. 29. https://m.joseilbo.com/news/view.htm?newsid=2766#_enliple

신뢰 잃은 정부, '양치기 세법' 우려[19]

정부의 상속세 개편안의 핵심은 과세방식을 '유산취득세'로 전환하는 것이다. 유산취득세에 대한 사회적 공감대는 어느 정도 형성됐지만, 문제는 시행 시기다. 대개 정부 세법개정안은 내년에 시행하거나 또는 2년 정도의 유예기간을 둔 뒤 시행하는 것이 일반적이지만, 이번 개편안은 무려 3년 뒤인 2028년에 시행하는 것으로 명시했다.

올해 정부 개편안이 국회를 통과해 오는 2028년 시행된다고 해도, 그 사이 어떤 변수가 생길지는 알 수 없다. 국민들이 정부를 믿지 못하는 것은 선례가 있기 때문이다. 국민들은 '금융투자소득세'와 '가상자산 과세' 법안 사례를 통해, 정치적 상황에 따라 법 시행이 유예되거나 무산될 수도 있다는 점을 이미 경험했다. 금투세의 경우 2020년 국회를 통과해 2023년 시행하기로 했지만, 2022년에 도입이 2년 유예됐다가, 지난해 결국 폐지됐다. 가상자산 과세의 경우도 지난해 시행할 예정이었지만, 이를 2년 유예해 오는 2027년에 시행하기로 했나.

상속세 개편안의 경우도 이 같은 전철을 밟을까 우려하는 목소리가 나올 수밖에 없는 것이다. L세무사는 "정부 개편안은 3년 뒤에 시행한다고 하니까, 다들 현실적으로 시행할 것이라고 믿지 않는 분위기"라며 "금투세처럼 정부가 양치기 소년이 된 것 같다"고 토로했다. C세무사는 "작년에도 상속세 개편에 대한 기대가 있었는데, 이번 정부 개편안을 보면서 건강이 위중하신 분들은 많이 실망했다. 자꾸 이러면 납세자들의 반발심만 커질 것"이라고 우려했다.

---

19) 택스워치, 2025. 3. 21. https://www.taxwatch.co.kr/article/tax/2025/03/17/0004/

일선의 세무조사관은 실정법을 엄격하게 집행해야 하는 의무가 있다. 실정법의 정당성 여부를 따지는 것은 세무공무원의 판단과 재량의 범위를 넘어선다. 그러나 세무당국과 정부가 한통속이라고 생각하는 납세자는 법을 충실하게 적용한 세무공무원에게 앙심을 품는다. 부실입법과 경솔입법은 납세자와 세무당국 간의 갈등을 부추기고 탁상행정의 과오를 현장에 전가시키는 입법자의 조세불응이다.

세무사도 상담 꺼리는 양도세, 납세자는 '불안' 국세청엔 '문의 폭주'[20]

양도소득세 규정이 자주 바뀌고 셈법이 복잡해지면서 납세자 불편이 커지고 있다. 신고 오류에 대한 부담 때문에 양도세 상담을 기피하는 세무사들이 늘고, 이에 불안해진 납세자들이 국세청에 직접 과세 규모를 문의하는 사례도 잇따르고 있다. 관련 문의가 한 달에 수백 건씩 쇄도하자 민원을 응대하는 과세당국 직원들도 어려움을 호소한다.

정부 관계자는 "세법이 개정될 때마다 이해를 돕기 위한 방안을 마련해 시행 중인데, 복잡한 규정과 다양한 사례로 인해 국세청에 직접 문의하는 납세자들이 많다"며 "구두상으로 처리한 민원을 제외한 서면질의 건수만 한 달에 수백 건에 달한다"고 말했다. 양도세 서면질의가 큰 폭으로 늘어난 이유는 잦은 세법 개정 때문이다. 양도세제는 다주택자의 조정대상지역 양도세를 강화한 2017년 8·2 대책을 비롯해 9·13, 7·10 대책 등을 통해 수차례 조정됐다. 양도세는 주택 보유수와 거주 기간·지역·매입 또는 매각 시점 등에 따라 세율이 달리 적용되고 사례가 다양하다. 세무사와 법무사 등 전문가들도 상담

dable?utm_source=dable

20) 경향신문, 2021. 9. 13. https://www.khan.co.kr/article/202109131540001

> 을 기피하는 세목인 이유다. 한 세무업계 관계자는 "종부세 등 국가가 세액을 고지해주는 것과 달리 양도세는 자진신고 세목인데, 자칫 적게 신고하거나 누락하는 경우 불성실 가산세를 낼 수 있어 납세자들이 불안해한다"며 "전문가들도 계산 오류 등 상담이나 계약 과정의 업무상 실수로 문제가 생길 수 있어 부담을 크게 느낀다"고 말했다. 이에 따라 최근에는 계약서상에 '계산상 착오로 인해 세금을 더 물더라도 책임을 지지 않는다'는 내용의 특약을 내거는 세무대리인들도 있는 것으로 알려졌다.

정치적 이해관계에 따라 선심성 조세감면을 남발하는 것은 조세 기득권층의 면세특권의식을 강화한다. 이는 조세형평성을 훼손하고 납세의식을 저해하는 입법자의 조세불응이다.

> **늘어만 가는 조세감면··"자연스런 현상?"**[21]
>
> 최근 들어 '조세감면'과 관련해 여러 가지 말들이 많다. 결론부터 말하면 현재 운용 중인 조세감면 목록이 너무 많고 실효성이 없는 것들도 수두룩해 이를 정리해야 한다는 것이다. 조세감면에 대한 이 같은 정책 방향이 수면 위로 떠오른 이유 중 하나는 정부의 세수입이 해를 거듭할수록 줄고 있다는 것과 궤를 같이 하고 있다. 또한 저출산, 고령화 대책 등 정부가 풀어야 할 숙제에 쓸 비용부족 문제도 단단히 한 몫하고 있다고 해도 과언이 아니다.
>
> 재경부가 최근 발표한 2005년 조세지출보고서에 따르면 현재 운용 중인 226

21) 조세일보, 2005. 12. 5. https://m.joseilbo.com/news/view.htm?newsid=40111#_enliple

개 조세지출항목(비과세, 저율과세, 세액감면, 세액공제, 소득공제, 준비금 등)을 통해 빠져나가는 조세감면액수가 올해 총 19조 9,878억 원 규모가 될 것으로 추정했다.

조세감면 규모를 그동안 줄이지 못했던 이유는 주무부처인 재경부가 조세감면의 수혜자층과 연결된 정부 각 부처의 이기주의를 제대로 컨트롤하지 못했다는 것에 있다. 또한 유권자들의 '표심'을 의식한 정치권의 무대포식 감세법안 추진도 큰 원인을 제공하고 있다.

국민의 세금을 매개체로 한 정부 각 부처의 '이기주의', 선심성 중독에 걸려버린 정치권의 무분별한 요구, 말 그대로 산 넘어 산이다. 불필요한 조세감면을 과감히 축소하겠다고 공언하고 나선 재경부가 앞으로 어떤 행보를 보일지 관심을 갖고 지켜볼 필요가 있다.

조세순응을 논할 때에는 특정 행위 주체의 의사결정이 납세불응에 미치는 단편적인 결과에만 주목할 것이 아니라, 행위자들에게 분배된 역할과 행위자들의 상호작용이 시스템 전반에 미치는 영향을 고려해야 한다. 요컨대, 조세순응은 조세시스템의 구성원 모두가 자신의 권리와 의무, 권한과 책임을 성실하게 행사하고 이행하는 과정으로 이해해야 한다.

12. 납세자 친화적 세무행정

상대를 하찮은 존재로 생각하고 대하면 그 사람은 바로 그 수준에 머물러 있을 것이다. 그 사람을 이상적인 모습으로 대하면 그는 기대에 부합하는 행동으로 보답할 것이다.

– 괴테

세무행정의 패러다임

전통적인 집행 패러다임(enforcement paradigm)은 인간의 이기심과 합리성을 신봉하는 자유방임주의 이념에 기초한다. 자유방임주의는 정부가 개인의 선택에 개입하는 것이 불필요하며 심지어 부도덕하다고 본다. 집행 패러다임하에서 탈세는 납세자가 위법한 행동의 결과를 충분히 예상하고 자신의 이익을 위해 내린 결단이다. 따라서 선택의 자유와 자기 책임의 원칙에 따라 납세불응에 대하여 납세자는 전적인 책임을 져야 한다.

집행 패러다임은 납세자들을 잠재적 탈세자로 상정하는 권위적인 세무행정을 뒷받침한다. 그러나 강압적 세무행정은 세수를 증대하는 수단에 머물러 있는 것이 아니라 장기적으로는 납세자의 태도에 영향을 미친다. 명령과 통제, 감시와 처벌은 불신을 조장하는 양날의 검이다. 납세자에 대한 불신은 세무행정에 대한 불신으로 되돌아온다. 투명성과 공정성, 권위의 정당성을 갖추지 못한 강압적 세무행정은 조세시스템에 대한 납세자의 부정적 정서를 강화한다.

세무당국의 태도는 장기적으로 납세에 관한 규범과 가치체계에 영향을 미친다. 집행 패러다임은 납세자들이 잠재적 탈세자로 생각하고 행동하도록 유도한다. 마침내 납세자들은 세무당국과 납세자 간의 적대적 관계를 숙명으로 받아들인다.

세무행정에 대한 납세자들의 인식을 개선하기 위해서는 납세자 친화적 패러다임의 구축이 선행되어야 한다. 납세자 친화적 세무행정은 인간행동의 인지적·정서적 측면을 고려한다. 서비스 패러다임(service paradigm)은 고객에 대한 서비스 제공자로서 세무당국의 역할을 강조한다. 신뢰 패러다임(trust paradigm)은 납세자와 세무당국 간의 신뢰에 기초한 상호의존적 협력관계 형성을 지향한다. 납세자 친화적 세무행정은 감시와 통제를 넘어 돌봄과 연대로 패러다임을 전환한다.

넛지

넛지(nudge)의 본래 의미는 팔꿈치로 살짝 밀친다는 뜻이다. 공공정책의 맥락에서 넛지란 선택 가능한 대안을 금지하거나 유인책을 현저히 변경시키지 않으면서 인간행동을 예측가능한 방향으로 바꾸는 선택구조를 설계하는 것을 말한다. 넛지는 겉보기에 사소해 보이는 작은 디테일을 바꾸어 행동의 큰 변화를 유도하는 데 초점을 둔다.

전통적인 공공정책은 금전적인 유인이나 제재에 관한 명시적인 규율을 통하여 행동에 직접 개입한다. 반면에 넛지는 행위를 유발하는 환경을 디자인함으로써 바람직한 행동을 간접적으로 유도한다. 선택 설계자(choice architect)는 사람들이 결정을 내리는 상황과 맥락을 구성한다. 선택의 자유를 존중하되 개인과 사회 모두에게 바람직한 방향으로 선택구조를 설계할 책임을 진다.

넛지의 이념적 기반은 자유온정주의(Libertarian paternalism)다. 넛지는 특정 옵션을 강요하거나 금지하지 않는다. 개인의 삶과 사회의 후생이 더 나아질 수 있는 개입을 옹호하기에 온정적이지만, 강압적인 방식을 지양하는 자유주의를 존중한다. 공공정책의 설계에 넛지를 활용하게 되면 개인의 자유를 존중하되 바람직한 방향으로 선택을 유도하는 부드러운 개입이 가능하다.

인지적 한계나 부주의로 인하여 납세불응이 발생할 가능성은 상존한다. 넛지는 의도하지 않은 불응을 예방하여 납세순응도를 개선하는 정책 도구를 마련하는 데 특히 유용하다. 상황이 조금만 달랐다면 불응에 이르지 않았을 수도 있는 '게으른 불응자들(lazy non-compliers)'이 생겨나지 않도록 예방할 수 있다.

디폴트 효과(default effect): 사람들은 초기에 주어진 대안(default option)을 따르려는 성향이 있다. 세무당국이 사전에 파악한 과세 정보를 미리 채운 온라인 세무신고 양식은 입력 오류 및 착오에 의한 납세불응을 예방할 수 있다.

부각(salience): 실질적인 공공서비스를 확대하지 않고서도 정부가 제공하는 공공서비스의 가치를 부각시켜 교환적 공평성에 대한 납세자의 인식을 개선할 수 있다.

Hallsworth 등(2017)은 독촉장에 사회적 규범에 관한 문구를 포함할 때, 체납된 세금의 납부율이 높아짐을 확인하였다.[1] 구체적으로 기본규범 그룹은 "10명 중 9명은 기한 내에 세금을 납부합니다", 국가규범 그룹은 "영국인 10명 중 9명은 기한 내에 세금을 납부합니다", 소수자규범 그룹은 "영국국민 10명 중 9명은 기한 내에 세금을 납부하며, 귀하는 현재 세금을 내지 않은 소수의 그룹에 속합니다"라는 문구가 포함된 독촉장을 수령하였다. 그룹별로 세금체납 현황을 비교 분석한 결과 표준 안내문을 수령한 통제그룹에 비하여 기본규범 그룹에서는 1.3%, 국가규범 그룹에서는 2.1%, 소수자규범 그룹에서는 5.1% 각각

1) Hallsworth, M., List, J. A., Metcalfe, R. D., & Vlaev, I. (2017). The behavioralist as tax collector: Using natural field experiments to enhance tax compliance. Journal of Public Economics, 148, 14-31.

납부율이 증가하였다. 납세고지서의 안내문을 수정하는 비용이 거의 0에 가까운 점을 고려할 때 사회적 규범의 커뮤니케이션은 비용 대비 효과가 매우 큰 넛지 전략으로 활용될 수 있음을 암시한다.

세무당국의 설득 커뮤니케이션 전략은 크게 제재 위협과 규범적 호소로 나뉜다.[2] 예컨대 Bott 등(2020)이 노르웨이에서 수행한 현장 실험에 따르면, 세무신고서에 도덕적 호소가 포함되는 경우 해외 원천 소득의 신고율이 평균적으로 약 두 배 가까이 증가하였다. 구체적으로 도덕적 호소는 해외 원천 소득의 과소신고 불응을, 제재 위협은 무신고 불응을 개선하는 데 효과가 있었다.[3] 한편 규범적 호소는 세무당국의 억제력이 약하다는 신호를 전달함으로써 의도한 것과 정반대의 효과(부메랑 효과 Boomerang Effect)를 일으키기도 한다. 예컨대 Blumenthal 등(2001)의 현장실험에 사용된 규범적 메시지는 전반적으로 납세순응도를 개선하는 데 유의미한 효과가 없었고, 고소득 납세자 그룹에서는 오히려 납세순응도가 감소하는 역효과가 나타났다.[4] Ariel(2012)의 현장실험에서도 세무당국이 발송한 도덕적 설득의 메시지를 받은 그룹에서 부가가치세 신고불응도가 증가하였다.[5]

---

2) Hasseldine, J., Hite, P., James, S., & Toumi, M. (2007). Persuasive Communications: Tax Compliance Enforcement Strategies for Sole Proprietors. Contemporary Accounting Research, 24(1), 171−194.

3) Bott, K. M., Cappelen, A. W., Sørensen, E. Ø., & Tungodden, B. (2020). You've got mail: A randomized field experiment on tax evasion. Management Science, 66(7), 2801−2819.

4) Blumenthal, M., Christian, C., & Slemrod, J. (2001). Do normative appeals affect tax compliance? Evidence from a controlled experiment in Minnesota. National Tax Journal(1), 125−136.

5) Ariel, B. (2012). Deterrence and moral persuasion effects on corporate tax compliance: findings from a randomized controlled trial. Criminology, 50(1), 27−69.

호주 국세청

호주 국세청(ATO: Australian Tax Office)의 미션은 납세자와의 관계를 개선하고 사회 공동체의 복리 증진이라는 공동의 목표를 달성해 나가는 동반자 역할을 담당하는 것이다.[6] 전통적인 세무행정은 납세자들을 피동적인 규제대상으로 보고 세무당국이 일방적으로 세정을 주도하면서 국가의 세수를 보호하는 데 초점을 두었다. 그리고 '온전하고 빠짐없는' 사후검증이라는 목표를 설정하고 차별적인 납세순응 위험을 고려하지 않는 집행전략을 사용하였다. 그러나 1980년대 후반부터는 납세자와 세무당국의 상호 협력을 강조하며 공동체의 목소리에 귀를 기울이는 세무행정으로 패러다임을 전환하였다.

호주 국세청은 납세자의 동기, 상황 및 특성에 대한 심층적인 이해를 바탕으로 납세자 유형별 납세불응 위험에 차별적으로 대응하고 있다. 세무행정의 목표는 납세자 모두 공정한 몫의 세금을 납부할 수 있도록 지원하는 것이다. 전통적인 강제집행 수단의 중요성을 인정하지만, 납세자의 전형을 잠재적 탈세자로 상정하는 권위적인 접근을 부정한다. 그 대신 납세자 태도의 이질성을 명시적으로 고려하여 정교하고 다각적인 정책을 실행한다.

---

6) Australian Taxation Office. 2015. Reinventing the ATO, Program Blueprint Summary.

FIGURE 7

ATO Compliance Model

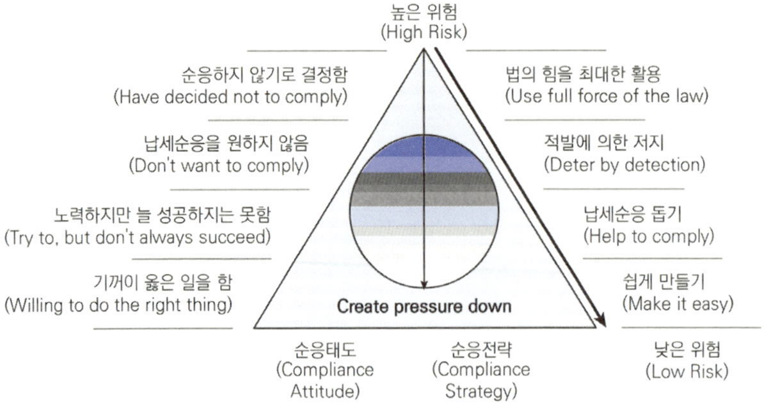

ATO 순응모형(ATO compliance model)은 이론과 실무가 조화를 이루며 납세자 친화적 세무행정 패러다임을 구현한 모범 사례에 해당한다. 동기부여 자세 이론은 호주 국세청의 전폭적인 지지와 협조에 힘입어 탄생하였다. 그리고 ATO의 순응모형은 동기부여 자세 이론에 대응적 규제론을 접목하여 개발되었다. ATO 순응모형은 납세불응 위험의 종류에 따른 차별적인 대응방식을 '고객 서비스'로 개념화하고 있다.

호주 국세청은 올바른 행동을 할 의향이 있는 납세자에게는 납세절차를 간편하게 하는 서비스를, 노력하지만 늘 성공하지는 못하는 납세자는 납세순응을 돕는 서비스를 제공한다. 반면에 순응을 원하지 않는 납세자의 적발가능성을 높여 불응을 억제하고, 순응하지 않겠다고 결심한 납세자들에게 법이 부여한 모든 집행력을 동원한다. 순응하는 납세자들에게는 잘 보이지 않는 존재로, 불응하기로 마음먹은 납세자에게는 명백한 존재감으로 납세자 특성에 따른 맞춤형 세무행정을 실행한다.

스웨덴 국세청

도둑과 경찰의 표상이 지배하는 조세풍토에서 세무조사관들은 사냥감을 물색하고 뒤쫓는 데 주력한다. 그들에게 납세자는 피와 살을 가진 사람이 아닌 추상적 개념에 불과하다. 스웨덴의 국민 영화감독 잉마르 베리만(Ingmar Bergman, 1918~2007)은 강압적이고 모욕주기식 세무조사를 겪은 후 해외로 망명하였다. 그는 자신이 세금을 더 내야 한다는 사실이 아니라 스웨덴 국세청이 자신을 사냥감처럼 다루었다는 사실에 분노하였음을 공개적으로 밝혔다.

잉마르 베리만 사건을 반성의 계기로 삼아 스웨덴 국세청은 스스로 실질적인 변화와 개혁을 추진했다.[7] 스웨덴 국세청은 강압적 세무행정이 단순히 세수 증대의 수단을 넘어 장기적으로는 납세자 정서와 태도에 영향을 미친다는 점에 주목하였다. 현상유지 편향에 젖은 사람들은 세금을 걷는 정부기관을 국민들이 싫어하는 것은 자연법칙이라고 믿는다. 스웨덴 국세청은 스웨덴 국민들 사이에서 가장 '인기 있는' 정부기관이다.

국가기관이 국민에게 어떤 태도를 보여주는가 하는 문제는 실제로 수행하는 일만큼이나 중요하다. 누구를 상대하고 어떤 일을 하느냐와 상관없이 봉사하는 대상에 대해 어떤 관점을 가지는지에 따라 업무에

7) 레나르트 위트베이(2020). 김지연 옮김. 『스웨덴 국세청 성공스토리』.

임하는 태도가 달라진다. 스웨덴 납세자들은 자신들이 올바른 일을 하도록 국세청이 도움을 주기를 원했고 환대받는 느낌과 열린 태도를 원한다고 응답했다. 스웨덴 국세청은 납세자를 의심과 통제의 대상이 아니라, 안내와 도움이 필요한 고객으로 바라본다. 납세자는 세무행정의 실질적 공동 운영자이기 때문이다.

스웨덴 국세청은 지식과 통찰력에 근거해 습관을 바꿈으로써 조직 문화를 혁신하였다. 혁신 과정의 일관된 주제는 업무방식과 사고방식의 변화였다. '실적 달성을 강조하는 방식'에서 자신들에 대한 '국민의 인식을 개선하는 방식'으로 가치 관리 체계를 바꾸었다. 설문조사로 파악한 사실에 입각하여 통찰을 얻고 내·외부의 관계자들의 소통을 통하여 조직의 체질을 바꾸었다.

조직 내에서 사용하는 단어와 표현은 구성원의 사고방식에 영향을 주고, 궁극적으로 구성원의 판단과 행동에 영향을 미친다. 그러므로 비전은 조직의 문화와 사고방식을 바꾸는 데 결정적인 영향을 한다. 스웨덴 국세청의 비전은 '모든 구성원이 자발적으로 공정하게 자기 몫의 책임을 감당하는 사회'이다.

국세청의 정체성을 어떻게 확립하고 납세자와의 관계를 어떤 방식으로 형성할 것인가라는 문제는 세무공무원의 사기진작과도 관련되어 있다. 세무공무원의 사기가 저하되어 직업 만족도가 추락하게 되면, 세무행정 서비스 품질이 악화되고 세무당국에 대한 신뢰가 훼손되는 악순환에 빠진다.

세무공무원이 납세자를 대하는 방식은 국세청의 비전과 가치에 관한 메시지를 전달한다. 스웨덴 국세청은 세무공무원의 태도를 세 가지 유형으로 식별하였다.

태도 A: 거만하고 질책하는 유형. A 타입의 공무원은 배려 없이 우월한 자세로 권력을 휘두른다. 납세자를 복종시켜야 할 대상으로 바라보며 자신의 우월성을 과시한다. 이로써 납세자의 열등감과 무력감을 유발한다. 태도 A와 관련된 감정은 의심, 우월감, 경멸이다.

태도 B: 사무적이고 규칙에 얽매이는 유형. B 타입의 공무원은 법령과 규칙 뒤에 숨어 몸을 사리며 사람들을 인간미 없이 대한다. 형식적인 태도로 일관하며 원칙만을 따진다. 이로써 납세자는 자신이 한낱 물건처럼 취급되고 있다는 느낌을 받는다. 무관심, 거리감, 무뚝뚝함이라는 감정이 지배하는 태도 B는 조직문화를 개선하는 데 있어 태도 A보다 오히려 큰 장애가 된다.

태도 C: 개방적 태도를 보이는 유형. C 타입의 공무원은 모든 사람을 존중하며 대한다. 이 유형만이 납세자와 신뢰 관계를 형성할 수 있으며, 납세자의 사기를 북돋을 수 있다. 태도 C와 관련된 감정은 이해해주고, 환영하고, 공감해주는 것이다.

신뢰는 정부기관의 가장 중요한 심리적 자산(psychological property)이다. 사람을 제대로 대하고 바람직한 커뮤니케이션이 이루어지면 불필요한 마찰과 갈등을 피할 수 있다. 고객 불만은 대개 고객이 정당한 존중을 받지 못하였다고 느끼기 때문에 발생한다. 존중은 공감이다. 상대방을 업무처리의 대상이 아니라 인격을 가진 사람으로 바라보는 것이다. 신뢰는 사람을 존중하는 자세로부터 생겨난다.

목표를 추구하는 과정에서 우리는 단지 자신만을 변화시킬 수 있을 뿐이다. 하지만 행운이 따른다면 그 과정에서 다른 사람의 변화도 이끌 수 있다. 스웨덴 국세청은 납세자를 변화시키려 하기보다 스스로 변화하기 위해 노력하였다. 스웨덴 국세청의 변화는 화려한 수사에만 그치지 않고 일상의 일부로 자리매김했다. 스웨덴 국세청의 직원들은 일상적으로 자신들의 태도와 자신들을 향한 사람들의 신뢰에 관하여 이야기를 나눈다.

'세리'가 존경받는 스웨덴, 국세청 개혁 키워드는 '신뢰'[8)]

스트리드 전략기획담당관에 따르면, 스웨덴 국세청은 국방부와 노동청 등 여러 공공기관 중에서 가장 높은 신뢰도를 기록하고 있다. 스웨덴 국세청에 대한 납세자, 특히 기업납세자들의 신뢰는 개혁을 시작한 2000년 50%대에서 2017년에는 70% 이상으로 껑충 뛰었다. 스웨덴 국세청의 개혁은 "강도를 잡는 경찰에서 고객을 위한 서비스 제공자로 탈바꿈했다"는 표현이 잘 대변해준다.

스웨덴 국세청은 2000년대에 진행했던 개혁의 과정에서 신뢰의 중요성을 인지하고 이에 맞춰 조직 문화를 개혁했다. 대부분의 납세자들은 국세청이 올바른 결정을 하는지 알 수가 없기 때문에 결과보다는 과정에 근거해 공정성을 판단하게 된다는 지적이다. 스트리드 전략기획담당관은 "납세자는 과정의 공정함과 투명함이 보장되고, 자신의 말이 경청되고 존중받는다고 인지하면 그 결과도 수용하게 될 것"이라 말했다. 그러면서 "신뢰를 쌓기 위해 절차적 공정성을 형성하는 데 공을 들였다"고 설명했다.

엘레노어 칸텔 주한 스웨덴대사관 부대사는 축사에서 "스웨덴에는 세금에 대해 '무지개 끝에 있는 보물'이라는 의미를 부여한다"며 "과세 절차가 공정

8) 국제신문, 2018.01.15. https://www.intn.co.kr/news/articleView.html?idxno=2002465

하면 사람들은 기꺼이 공정한 분배를 하려 한다"고 강조했다. 칸텔 부대사는 스웨덴 사람들이 국세청을 신뢰하는 이유로 세금을 현명하게 사용하고 과세 절차가 공정하며, 국세청과 납세자 사이에 신뢰가 형성됐다는 점을 들었다.

조세교육

조세가 민주주의의 발전에 중심을 이루었던 서양의 역사와 달리 우리나라의 경우에는 민주주의를 실현하는 과정에서 조세 문제가 완전히 배제되었다.[9] 조선 후기까지 이어진 주자학의 소중화 사상, 상공인을 천대했던 신분제 질서는 시민계급의 성장을 가로막았다. 왕조시대가 오랜 기간 지속되면서 세금이란 피지배계층에 대한 강탈이라는 인식과 더불어 지배계층의 면세 특권의식이 뿌리내렸다.

일본의 식민지 정책에 따라 서구의 법제가 착근되었지만, 세무행정은 제국주의 병참기지에 대한 수탈의 효율성을 높이고자 권위주의적 관료제로 운영되었다. 나아가 해방 후 국가 주도의 압축성장을 지향한 산업화 과정에서 관료 중심의 조세풍토가 고착되었다. 산업화로 경제규모가 확대되면서 신고납세제도가 도입되었으나, 조세행정의 효율성을 추구하는 과정에서 납세자는 조세시스템으로부터 소외되었다. 중소기업과 자영업자들은 세무대리인을 통하여, 근로소득자들은 원천징수의무자를 매개로 납세의무를 이행하는 관행이 굳어졌기 때문이다.

법령이 난해하고 절차가 복잡한 규율의 영역은 대개 순응을 요구하는 대상이 특수한 집단으로 한정된다. 시민 생활의 전반에 보편적으로 적용되는 법령이라면 법을 준수하는데 요구되는 능력이 상식의 범

9) 손낙구(2021). 『조세 없는 민주주의의 기원』.

위를 벗어나지 않는다. 그러나 조세법은 기술적이고 전문적인 성격을 가지면서도 광범위한 대상을 향하여 순응을 요구한다는 특수성을 지닌다. 납세자가 납세의무를 적절하게 이행하고 세무위험에 합리적으로 대응하기 위해서는 조세제도에 대한 올바른 이해(조세 이해력 tax literacy)가 필요하다. 신고납세제도를 공동으로 운영하는 주체로서 국가는 납세자를 교육해야 할 당위성을 지닌다. 그러나 현실에서는 납세의무 이행에 필요한 기초적인 조세이해력을 함양하는 교육조차 제대로 이루어지지 않고 있다.

조세교육이 활성화되지 못하는 가장 근본적인 이유는 국고주의에 경도된 권위주의적인 세무행정 패러다임 때문이다. 국고주의는 납세자를 목적으로 대하지 않고 세수 확보의 도구로 취급한다. 납세순응을 제고하는 조세교육이 세수를 확보하는 기능적 측면에만 초점을 둔다면 납세자를 대상으로 하는 조세교육의 실효성을 기대하기 어렵다. 징세의 효율성을 추구하는 조세교육은 구조적으로 행정관료와 세무전문가를 양성하는 데 치중된다.

편의와 효율만을 강조하는 조세정책은 납세자를 조세제도로부터 체계적으로 소외시킨다. 납세자는 신고납세제도를 근간으로 하는 민주적 조세시스템의 주역이 되어야 한다. 따라서 신고납세제도의 원칙에 따라 종합소득세 신고 대상을 전면적으로 확대하고 연말정산 제도는 폐지되어야 한다. 납세의 편리함이 세금에 대한 무지와 비호감을 조장한다면 건전한 조세제도를 유지하는 데 오히려 장애가 될 수 있기 때문이다.

세무당국은 세금신고와 납부가 시민생활의 일부로서 친숙해지는 조세환경을 조성해야 한다. 신고납세제도를 공동으로 운영하는 능동적인 주체로서 기본적인 조세 이해력을 갖출 수 있도록 체계적인 납세자 교육 프로그램을 갖추어야 한다. 납세자들이 무관심하고 무기력한 군중에 머물러 있지 않고 주인의식과 책임감을 가지고 시스템에 동참할 수 있도록 독려해야 한다. 조세교육은 기술적인 정보와 지식을 다루는 것에 그치지 않고 조세제도에 대한 납세자의 지각과 감정, 가치와 태도를 긍정적으로 변화시키는데 주안점을 두어야 한다.

국민이 자신에게 주어진 납세의 의무를 자발적으로 성실하게 수행하고자 하는 의지는 국가의 존속에 중요한 밑바탕을 이룬다. 조세교육은 국가와 납세자 사이를 연결하는 교량이며 조세문화를 개선할 수 있는 핵심 도구이다. 따라서 조세교육은 납세자를 계몽한다는 근대적인 접근을 탈피하고 시스템 참여자들 상호 간 소통과 협력을 도모하는 장으로 거듭나야 한다.

민주시민의 지성과 덕성을 함양하는 데 필요한 조세교육은 인간을 대상으로 취급하지 않고 능동적인 주체로 바라보아야 한다. 납세의식은 생활 속 민주주의를 구현하는 시민의식의 근간을 이룬다. 조세교육은 민주시민을 양성하는 시민교육이자 평생교육으로서 사리매김해야 한다.

13. 로고테라피

왜 살아야 하는지 아는 사람은 그 어떤 상황도 견딜 수 있다.

– 프리드리히 니체

환원주의와 범결정론

기본 경제학은 인간 본성에 부합하는 유일하고 중요한 동기가 인센티브라고 상정한다. 합리적 선택 이론은 이기적 본능이 이끄는 사익 추구를 인간행동을 지배하는 보편적 행위규범으로 격상시키고 사회생활 관계 전반을 지배하는 일반 원리로 확대한다. 합리적 선택론은 행위의 동기라는 측면에서는 인간을 하등 동물의 수준으로 낮추면서, 계산적 합리성의 차원에서는 신의 수준으로 높이는 기묘한 이중성을 가진다.

행동주의 심리학은 동기부여 차원에서 인간의 다양한 욕구를 인정한다. 그러나 합리적 선택 이론과 마찬가지로 인간을 외적 조건에 기계적으로 반응하는 존재로 바라보며, 수동적인 객체로서 인간을 대상화한다. 물질적 보상을 넘어 심리적 보상의 중요성도 인정하지만, 인간이란 외부의 자극(보상 또는 처벌)에 결정적인 영향을 받는 행동-반응 기제(behavior-response mechanism)라는 관점에서 크게 벗어나지 않는다. 특히, 인간행동을 결정하는 심리적 동기가 형성되는 근본적인 이유에 대해서는 큰 관심을 두지 않는다.

합리적 선택 이론과 행동주의 심리학은 환원주의(reductionism)에 입각해 있다. 인간 본성의 여러 층위 가운데 특정 부분에 초점을 두고, 다른 층위의 역할이나 중요성을 의도적으로 무시한다. 환원주의 모형은 기계모형 또는 쥐모형이라는 비판을 받는다. 인간이 어떤 대상을 이해하고 학습하는 과정에서 느끼는 만족감과 성취감은 그 자체로 강력한 보상이 된다. 외적 보상이나 제재가 내적 동기를 몰아내면서 활동 자체의 호감도를 떨어뜨리는 이유를 환원주의로는 설명하기 어렵다.

인간의 운명을 결정하는 데 있어서 유전적 조건과 환경의 중요성을 누구도 부정할 수 없다. 환경이나 조건이 인간의 생리적 반응을 유도하는 것은 과학적 인과관계로 충분히 입증할 수 있다. 따라서 생물학적 결정론은 분명히 타당성을 가진다. 그러나 환원주의는 조건반응이라는 생물학적 특질을 인간행동 전반을 지배하는 일반 원리로 확대함으로써 범결정론(pan-determinism)의 오류에 빠진다. 범결정론은 인간을 능동적인 주체로 취급하지 않는 현대적 버전의 숙명론이다.

환원주의의 본질은 독단주의며 냉소주의다. 환원주의가 범결정론과 만나면 '인간은 ~에 불과하다'는 허무주의로 나아간다. 인간이란 'DNA의 명령에 복종하는 번식 기계에 불과하다', '생명이란 연소 과정에 불과하다', '인생이란 본능적 욕구를 충족시키기 위한 사투에 불과하다', '인간은 인센티브에 반응하는 기계에 불과하다' 등 우리 시대에는 허무주의의 다양한 변종들이 넘쳐나고 있다.

생물학적·경제학적 범결정론이 과학의 기치를 들고 유행하면서 그 속에 내포된 허무주의 사상도 널리 유포되었다. 삶은 부질 없고 쾌락만이 삶의 목적이라는 사고방식은 가장 적은 노력으로 극단적인 쾌락을 추구하는 마약중독자들의 인생관을 합리화한다. 물질적 풍요와 정서적 빈곤 사이에서 현대인의 내면은 갈수록 공허해지고, 자기에 대한 과도한 집착과 쾌락에 대한 강박은 현대적 신경증(노이로제) 환자들을 양성한다. 우리는 환원주의와 범결정론이 자기실현적 예언을 성취하고 있는 현실을 목도하고 있다.

프로이트와 아들러

프로이트(Sigmund Freud)는 19세기 후반 비엔나에서 정신과 의사로 일하면서 매우 독창적인 심리학을 창시하였다. 비엔나 제1학파로 불리는 정신분석(psychoanalysis)은 인간의 무의식(unconscious)을 탐구하는 심리학 이론이자 심리치료 방법론이다. 프로이트의 심층심리학은 인간의 의식구조를 세 가지의 층위로 구분한다.

의식(conscious): 현재 자각할 수 있는 생각과 감정
전의식(preconscious): 쉽게 의식으로 떠올릴 수 있는 기억과 정보
무의식(unconscious): 억압된 충동, 욕망, 기억 등이 저장된 영역

프로이트는 인간의 심층적인 성격을 이드(id), 자아(ego), 초자아(superego)라는 세 가지 개념으로 체계화했다.

이드(Id): 본능적 욕망과 무의식적 충동에 이끌리는 자
자아(Ego): 욕망 실현의 현실적 한계를 조정자하는 자
초자아(Superego): 사회적 규범과 가치를 따르는 자

프로이트는 인간이 충동적인 존재이며 쾌락원칙(pleasure principle)

에 따라 움직이는 기계라고 보았다. 인간이 쾌락의지에 충실하게 행동하지 않는 이유는 본능적 욕구의 무분별한 분출이 초래할 사회적 불이익을 염려하기 때문이다. 이드는 생존을 위한 생물학적 욕구(리비도)로 충만해 있다.

자아는 세속적 인간이 세상에 드러내고 있는 가면에 해당한다. 자아는 이드와 초자아 간의 긴장과 갈등으로 인하여 상시 억압을 받는다. 자아는 무의식적인 불안을 줄이기 위해 여러 방어기제(defense mechanism)를 사용한다. 예컨대 불쾌한 기억을 무의식 속에 감추어 억압하거나, 현실을 부인 또는 합리화하거나, 자신의 부정적 감정을 타인에게 투사하거나, 사회적으로 용인되는 방식으로 욕망을 승화시킨다.

프로이트는 신경증이 발발하게 되는 주된 원인으로서 리비도(성욕)의 좌절과 과거의 심리적 충격(트라우마)을 지목한다. 프로이트가 임상에서 마주했던 당대의 신경증 환자들은 대개 금욕을 강제하는 기독교의 교리와 세속의 욕망 사이에서 억압을 받았다. 그는 무의식적으로 억압된 충동과 트라우마를 의식화함으로써 정신적 질환들을 해결할 수 있다고 보았다.

행동주의 심리학은 인간행동을 좌우하는 거대한 힘을 외부(조건과 환경)에서 찾는다. 이에 반하여 프로이트의 정신분석학은 인간행동을 결정하는 중요한 동인을 인간의 내면에서 찾는다. 그러나 정신분석학 역시 인간 본성에 대한 편협한 시각과 범결정론적 사고방식에 머무른다. 다른 한편으로는 객관적으로 측정하거나 과학적으로 검증하기 어려운 개념들을 활용하여 심리 현상을 설명한다는 비판을 받는다.

비엔나 제2학파로 불리는 알프레드 아들러(Alfred Adler)의 개인심리학(Individual Psychology)은 인간행동의 주된 동력을 권력의지로 바라보

TABLE 16

피해망상과 과대망상에 대한 개인심리학의 해석

구분	피해망상	과대망상
주요 사고	그들이 나를 해치려 한다.	나는 특별하다.
개념	타인이 자신을 해하려 한다는 비합리적 믿음	자신의 능력이나 지위를 과장하는 환상적 신념
원인	열등감 콤플렉스의 방어적 발현	열등감을 감추기 위한 역방향의 보상
생활양식	피해자 코스프레	자신을 중심으로 세상을 재구성

며 '우월성에 대한 욕구'에 주목한다. 인간은 단순히 본능적 욕망을 충족하는 데 그치지 않고, 자신을 개선하고 타인을 능가하려는 의지를 지닌다. 그런데 사회적 관계를 형성하기 시작하는 어린 시절부터 인간은 자신의 결핍에 대한 정서적 반응(열등감)을 경험한다. 건강한 열등감은 성장의 동력이 된다. 그러나 우월성에 대한 욕구(권력의지)가 좌절되고 왜곡되면 열등감 콤플렉스(inferiority complex)로 이어진다. 아들러는 신경증이 발병하는 주된 원인으로 열등감 콤플렉스를 지목하였다.

인간의 행위와 노력의 이면에는 어떤 분야에서 최고가 되고자 하는 목적의식이 있다. 인간의 생물학적 본능에 천착한 프로이트와 달리 아들러는 사회적 관계로부터 자신의 심리학 이론을 구축하였다. 인간은 과거의 피조물이 아니라 미래의 설계자이다. 인간은 환경이나 유전, 과거의 트라우마에 종속된 존재가 아니라 자신의 생활양식(lifestyle)을 선택하고 삶을 능동적으로 창조하는 존재이다.

트라우마란 존재하지 않는다[1)]

어떠한 경험도 그 자체는 성공의 원인도 실패의 원인도 아니다 우리는 경험을 통해서 받은 충격, 즉 트라우마로 고통받는 것이 아니라, 경험 안에서 목적에 맞는 수단을 찾아낸다. 경험이 자신을 결정하는 것이 아니라, 경험에 부여한 의미에 따라 자신을 결정하는 것이다.

인간은 언제든 어떤 환경에 있든 변할 수 있다. 사람이 변하지 않는 것은, 스스로 '변하지 않겠다'고 결심했기 때문이다. 생활양식을 바꾸려고 할 때 우리는 큰 '용기'가 있어야 한다. 변함으로써 생기는 '불안'을 선택할 것이냐, 변하지 않아서 따르는 '불만을 선택할 것이냐.

아들러 심리학은 용기의 심리학이다. 당신이 불행한 이유는 과거의 환경 탓이 아니고, 그렇다고 능력이 부족해서도 아니다. 그저 '용기'가 부족한 것뿐이다.

개인심리학이 상정하는 삶의 종국적인 목표는 자아실현(self-actualization)이다. 인간은 기본적으로 타인과 협력하며 살아가는 사회적 존재로서 자신뿐만 아니라 공동체의 발전에도 관심을 가진다. 그러나 사회적 관계는 어디까지나 자기실현의 수단이며, 사회적 공헌은 종국적으로 자신의 우월성을 드러내는 방편이다.

사회적 관심(social interest)이란 개인이 공동체와 연결되어 있음을 인식하고, 타인과의 협력을 통해 공동의 목표를 추구하려는 태도를 말한다. 사회적 관심을 가지지 못하는 경우 인간은 타인을 위협과 경쟁의

1) 기시미 이치로, 고가 후미타케(2014). 『미움받을 용기』.

TABLE 17

심층심리학과 개인심리학의 비교

구분	심층심리학	개인심리학
주요 동력	성적 충동(리비도)	우월성의 추구(권력의지)
병리 기제	억압된 충동	열등감 컴플렉스
치료 방법	무의식의 의식화 : 심층적 트라우마를 해결	생활양식을 재구성 : 목표 수정
관계의 역할	본능 충족의 수단	자기실현의 장

대상으로만 인식한다. 잔혹한 무한 경쟁의 패자들은 사회 속에서 자신의 가치를 발견하지 못하고 열등감을 키운다. 병리적 열등감과 그로 인한 사회적 고립감으로 인해 사회적 관심에서 더욱 멀어지는 악순환의 무한루프에 빠진다.

의미를 향한 의지

비엔나 제3학파로 불리는 빅터 프랑클(Viktor Frankl)의 로고테라피(logotherapy)는 그리스어인 로고스(logos)와 테라페이아(therapeia)를 결합한 말로서 '의미치료'를 뜻한다. 로고테라피는 프로이트의 정신분석학과 아들러의 개인심리학에 대한 충실한 이해와 비평을 토대로 탄생하였다. 정신분석학은 쾌락의지를, 개인심리학은 권력의지를 인간의 핵심적인 욕구로 간주한다. 로고테라피는 '의미를 향한 의지'를 인간 욕망의 중심에 둔다.

매슬로우의 욕구위계 이론(Maslow's Hierarchy of Needs)에 따르면 인간의 욕구는 단계적으로 발전한다.

1단계: 생리적 욕구(Physiological Needs)는 가장 기초적인 욕구이자, 생존을 위해 필수적인 요소이다. 식욕, 수면욕, 성욕을 예로 들 수 있다.

2단계: 안전 욕구(Safety Needs)는 위험과 불안을 피하고 안정적인 환경을 추구하는 욕구이다. 인간은 주거, 건강, 직업의 안정성을 추구한다.

3단계: 사회적 욕구(Love & Belongingness Needs)는 타인과의 관계 형성을 원하는 욕구이다. 인간은 가족, 친구, 연인, 공동체에 대한 소속감을 지향한다.

4단계: 존중 욕구(Esteem Needs)는 자신과 타인에게 인정받고 자존감을 유지하려는 욕구이다. 인간은 타인으로부터의 인정을 받거나(명예, 평판), 자기 존중감(자신감, 성취감)을 얻고자 노력한다.

5단계: 자아실현 욕구(Self-Actualization Needs)는 자신의 잠재력을 최대한 발휘하려는 욕구이다. 인간은 창의성 발휘, 자기 계발, 도덕적 성장, 철학적 탐구에 관심을 갖는다.

FIGURE 8

매슬로우의 욕구 위계

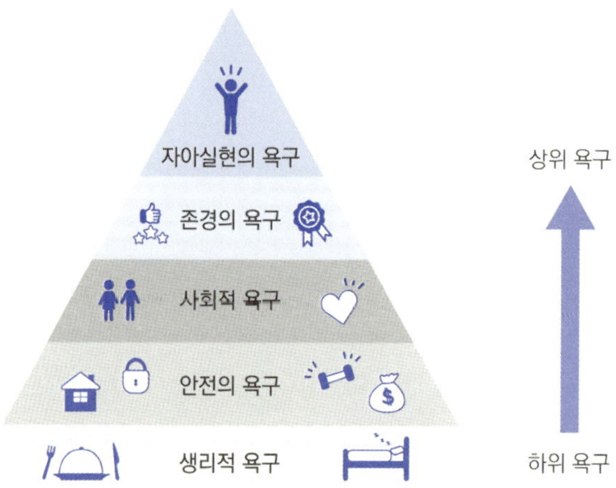

로고테라피는 인간 욕구의 다층성에 관한 매슬로우의 통찰은 수용하지만, 인간의 욕망이 순차적으로 활성화되거나 단계적으로 발전한다는 가설은 부정한다. 인간의 근본적인 관심은 생물학적 욕구의 충족이나 자아를 실현하는 것이 아니라 의미를 추구하는 것이다. 의미는 쾌락 추구와 자기실현으로 채워지지 않은 인간의 근본적 욕망에 속한다. 특히, 의미에 대한 의지는 다른 욕구를 충족한 후에야 비로소 생겨나는 부차적인 것이 아니다. '쾌락을 향한 의지'나 '권력을 향한 의지'는 '의미를 향한 의지'가 좌절된 사람에게 두드러지게 나타난다.

로고테라피는 개인이 외부 세계와 관계를 맺는 방식으로부터 사람의 마음을 움직이는 주된 동력이 생겨난다고 본다. 의미를 향한 문은 밖으로 열린다. 자신의 내면 속으로 침잠해 들어가는 삶은 고독과 공허함으로 이어질 뿐이다. 자기라는 편협성을 초월할 때 비로소 개인의 삶은 의미로 충만해진다. 자아를 실현하는 단계를 넘어 자기를 초월하는 과정에서 의미는 더욱 선명하게 부각된다.

쾌락이나 행복은 삶의 궁극적인 목적이 될 수 없다. 쾌락이나 행복은 의미추구와 자기초월(self-transcendence)에 뒤따르는 부수적 결과물이다. 삶의 의미를 발견하는 방법은 크게 세 가지로 구분된다.

창조적 가치(creative value): 창조적 가치는 능동적 활동을 통해서 얻는다. 자기를 표현하는 작품을 창작하거나 어떤 대상에 헌신함으로써 삶의 의미를 발견할 수 있다.

경험적 가치(experiential value): 경험적 가치는 직간접적인 체험을 통해서 얻는다. 선이나 진리, 아름다움 등을 체험하거나 누군가를 사랑할 때 삶의 의미를 발견할 수 있다.

태도적 가치(attitudinal values): 피할 수 없는 고통과 시련에 대해 취하는 태도로부터 삶의 의미를 얻을 수 있다. 불치병 환자라도 고통을 견디는 용기와 타인을 배려하는 자세를 통해 삶의 의미를 발견할 수 있다.

빅터 프랑클의 로고테라피[2)]

빅터 프랑클은 제2차 세계대전 중에 인류의 최악의 비극 중 하나인 홀로코스트 경험을 그저 개인적인 비극으로만 받아들이지 않았다. 몇 년 간의 수용소 생활 중에 살아남을 수 있었던 것을 행운으로만 받아들이지도 않았다. 그는 그 안에서 로고테라피의 가장 중요한 원칙인 인간의 자유의지의 존재, 의미를 찾으려는 의지의 중요성, 그리고 삶의 의미 추구를, 자신의 생존 경험 속에서 삶의 정수처럼 뽑아낼 수 있었던 것이다. 그런 과정 속에서 나온 이론이자 치료법이었기에 학계와 대중은 그의 책과 로고테라피 이론을 공감하고 지지할 수 있었던 것이다.

로고테라피는 빈에서 태어난 프로이트의 정신분석, 아들러의 개인심리학에 이어 제3의 빈 심리학파의 하나로 여겨지는데, 그 태생은 훨씬 극적인 면이 있다. 천재적인 학자가 환자 몇십 명을 진료하면서 새로운 아이디어로 이론을 만들어낸 것이 아니라, 죽음의 문턱에서 몇 년간을 버티면서 가족의 생사도 모른 채 하루하루를 살아가며 겪은 찰나의 감정과 사고의 엑기스가 바로 로고테라피의 씨앗이 된 것이다. 프랑클의 삶 자체가 로고테라피에서 말하는 '삶의 의미를 찾는 것'과 '그 의미를 삶에 들려주는 실천'을 몸소 해낸 것이다. 이러한 언행일치가 바로 그의 이론을 빛나게 하며 후학들의 귀감이 되는 핵심적 부분이다.

2) [네이버 지식백과] 정신의학의 탄생: 빅터 프랑클의 로고테라피 – 아우슈비츠에서의 죽음의 문턱에서 통찰을 얻다(2016.01.15, 하지현).

로고테라피는 쾌락이나 행복의 중요성을 부정하지 않는다. 다만 인간이 쾌락원칙이라는 군주의 지배를 받는 노예에 불과하다는 사고방식을 거부한다. 의미를 발견할 수 있다면 인간은 어떠한 고통도 이겨낼 수 있다. 의미는 절망적인 고통을 오히려 가치 있는 경험으로 바꿔놓는다. 절망의 한가운데에서도 의미를 발견할 수 있다면 인간은 행복을 경험한다.

프로이트는 굶주림과 학대, 죽음의 공포가 지배하는 야만의 상태에 놓인 인간은 누구라도 자기 생존에만 골몰하는 짐승으로 전락할 것이라고 단언하였다. 그러나 나치의 탄압으로 강제수용소라는 극단적 상황을 경험했던 프랑클의 증언은 달랐다. 배고픔과 추위, 살인적인 노동과 일상적인 수면 부족에 시달리면서도 인간의 품격을 지킨 사람들이 있었다. 그들은 외부의 조건이 아니라 내면의 결단에 따라 개, 돼지가 되기도 하고 성인이 되기도 하였다.[3)]

인간은 자신의 삶에 대해 매 순간 질문을 받는 자이다. 그리고 삶이 자신에게 걸어오는 질문에 행동으로 응답하는 존재이다. '나는 내 삶에 무엇을 기대할 수 있는가?'는 매우 잘못된 질문이다. 올바른 질문은 '내 삶은 나에게 무엇을 기대하고 있는가?'이다. 인간은 자신에게 닥친 운명에 대하여 어떤 태도를 취할지 결정하고 그 결정에 책임을 지는 존재이다.

---

3) 나치가 비엔나를 병합한 후 유대인에 대한 박해가 절정에 다다랐을 때 의사였던 프랑클은 미국으로 망명을 시도하였다. 그러나 오랜 고민 끝에 그는 사랑하는 가족들과 고난을 함께 하겠다고 결심한다. 강제수용소에서의 체험은 역설적으로 로고테라피의 효과성을 검증하는 역사적인 실험현장이 되어주었다. 그는 강제수용소라는 극한의 한계상황에서도 의미 추구가 생존의 주된 동력이 됨을 직간접적으로 모두 체험하였다. 성적 쾌락이나 자기실현의 욕망이 완전히 사라진 절망의 한가운데에서도 의미를 향한 의지는 남아 있었다.

TABLE 18

이콘 vs. 의미를 추구하는 인간

구분	이콘	의미를 추구하는 인간
의사결정 기준	효용 극대화	가치의 실현, 의미의 발견
시간 관점	단기적인 편익과 비용	과거-현재-미래의 연속성
사회적 관계	즉물적 교환관계	선물교환의 유대관계
자유에 대한 해석	예산의 제약하에 상품을 선택할 자유	삶을 대하는 태도를 스스로 결정하고 책임을 질 자유
고통에 대한 해석	회피해야 할 손실	성장의 자원, 의미의 원천

진정한 자유란 어떤 것으로부터 벗어나는 자유가 아니라 어떤 것을 지향하는 자유다. 인간에겐 피할 수 없는 시련 앞에서도 자신의 태도를 결정할 자유가 주어져 있다. 모든 것을 다 빼앗겨도 마지막까지 누릴 수 있는 자유는 바로 고통을 마주하는 태도이다. 스스로 바꿀 수 없는 삶의 현실, 자신이 가진 모든 것을 빼앗긴 절망적인 상황에서도 태도의 자유는 남는다. 진정한 자유란 조건으로부터 자유가 아니라 그 조건에 맞서는 자유이다.

누제닉 신경증

인간은 의미를 추구하는 존재이므로 의미 없이는 건강하게 살아갈 수 없다. 의미를 찾을 수 있는 일이라면 고통을 각오하고 희생을 감내하지만, 의미를 잃으면 자살 충동을 느낀다. 의미를 추구하는 의지가 좌절된 인간은 실존적 공허(Existential Vacuum)에 빠진다. 심인성 우울증(Psychogenic Depression)은 실존적 위기(Existential Crisis)를 나타내는 징후이다.

미국정신의학협회(American psychiatric Association)는 삶의 의미 상실과 실존적 좌절로 인하여 유발되는 심리적 고통을 누제닉 신경증(noogene neurose)이라는 별개의 정신질환으로 분류하고 있다. 누제닉 신경증은 '삶이 나에게 무엇을 요구하는가?'라는 질문을 잊었을 때 나타난다. 우리 사회에 만연한 누제닉 신경증은 최저 출산율과 최고 자살률로 뒷받침되고 있다.

인간은 생물학적 차원과 심리학적 차원에서 다른 동물들과 유사한 속성을 공유하고 있다. 그러나 동물이 공유하고 있는 공통의 차원만으로는 인간 특유의 심리현상을 만족스럽게 설명할 수 없다. 로고테라피는 인간만이 가진 영성의 차원(누제닉: noogenic)이 존재한다고 본다. 프랑클은 영성의 차원을 반드시 종교적인 관점으로만 해석할 필요가 없음을 강조한다.

TABLE 19

인간 존재의 3차원 모형

차원	특징	비교
생물학적(Somatic)	배고픔, 수면 등의 신체적 욕구	다른 동물들과 공유
심리학적(Psychic)	감정, 인지, 조건반응	다른 동물들과 부분적으로 공유
영성적(Noogenic)	의미 추구, 가치 창조	인간 특유의 차원

인간 존재를 단일 차원의 특질로만 파악하려고 할 때 환원주의의 함정에 빠진다. 로고테라피는 신체적·정신적 차원을 넘어 영성의 차원을 모두 아우른다. 프랑클은 정신분석이 심층 심리학(Deep Psychology)이라는 별칭을 갖는 것에 빗대어 로고테라피를 고층 심리학(Height Psychology)이라고 지칭하였다. 프랑클은 〈그림 9〉의 이미지를 사용하여 인간 존재를 다층적 차원으로 비유한다. 첫째, 동일한 물체를 서로 다른 낮은 차원들에 투영시키면 투영된 상은 서로 모순된다. 둘째, 서로 다른 사물을 그들의 원래 차원보다 낮은 차원에 투영시키면 투영된 상은 동일하지만, 그에 관한 해석은 다의적이다.

FIGURE 9

차원적 존재론

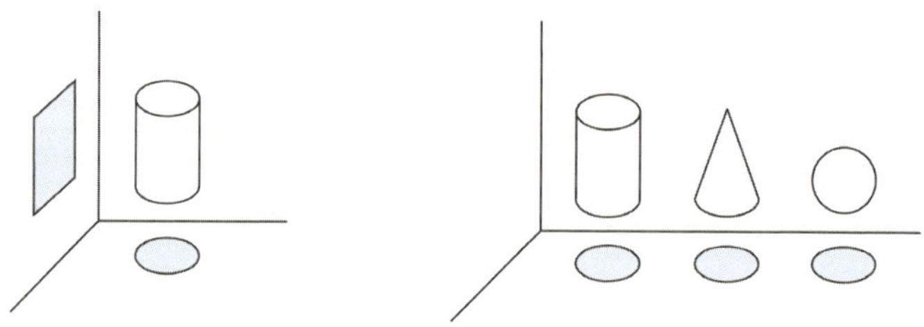

누제닉 신경증이 발병하는 메커니즘은 3단계로 나뉜다.

1단계: 전통적 가치관(가족, 종교 등)이 퇴행하면서 삶의 의미에 대한 보편적인 해답을 제시하던 의미 체계가 붕괴한다.
2단계: 삶의 의미를 스스로 찾지 못하면서 실존적 공허를 느낀다.
3단계: 우울증, 사회적 고립감, 자살 충동 등 신경증적 증상이 발현한다.

인지행동치료(Cognitive Behavioral Therapy, CBT)는 생각(인지), 감정, 행동의 연결고리를 변화시켜 문제를 바라보는 방식을 재설계(리프레이밍)하는 데 초점을 둔다. 그러나 CBT만으로 실존적 공허감을 극복하고 삶의 의미를 회복하기에는 뚜렷한 한계가 있다. CBT는 정신질환을 생물학적 결함으로 이해하지만, 로고테라피는 실존적 위기의 징후로 바라본다. 로고테라피는 증상 완화에 그치지 않고 인간다움의 회복을 지향한다. 인간은 의미를 발견하는 내면의 힘을 키움으로써 무기력을 책임감으로, 고통을 성장의 계기로, 절망을 변화의 동력으로 전환할 수 있다.

누제닉 회계

인간은 주어진 환경에 적응하는 데 머물지 않고 능동적으로 의미를 창조한다. 하이데거(Martin Heidegger)나 야스퍼스(Karl Jaspers)와 같은 실존주의 철학자들의 주장에 따르면 인간은 단순한 존재자(Sein)가 아닌 존재의 의미를 묻는 존재(Dasien)이며, 항상 세계와 관계 맺으며 자신을 이해하는 세계-내-존재(In-der-Welt-sein)이다. 특히, 인간은 초월적 차원(Transzendenz)과 관계를 맺는 가운데 본래의 자아를 깨달을 수 있으며, 자기를 초월하는 의미와 연결될 때 진정한 자유를 획득할 수 있다.

인간의 심리에 관한 회계적 관점의 해석을 보강하기 위하여 저자는 누제닉 회계(noogenic accounting)라는 개념을 장안하였다. 이로써 심리회계(psychological accounting)는 인간심리 구조의 다층성(정신적 차원과 누제닉 차원)을 모두 포괄하는 개념 틀로서 확장된다. 정신적 회계의 목적

TABLE 20 정신적 회계 vs. 누제닉 회계

구분	정신적 회계	누제닉 회계
사상적 기반	공리주의	실존주의
이론적 토대	프로스펙트 이론	로고테라피
사고의 틀	비용-편익 분석	심리적 자산, 부채의식
납세의 인식	이익의 감소 또는 비용의 증가	자산의 증가 또는 부채의 상환

이 쾌락을 추구하는 것이라면 누제닉 회계의 목적은 의미를 추구하는 것이다. 정신적 회계가 단기적인 비용-편익 중심의 접근이라면 누제닉 회계는 심리적 자산과 부채의 중요성을 강조한다.

과거 종교인 소득에 대한 오랜 비과세 관행이 유지되었던 시절에도 세무서의 담당 직원을 설득해 가며 자발적으로 근로소득세를 납부한 종교인들이 있었다. 그 이유를 직접 밝히신 이재철 목사님의 설교문 일부를 아래에 그대로 옮겼다.

그들을 떠나[4]

한 일간지 기자가 제게 물었습니다. 종교인은 갑근세(근로소득세)가 면제되는데도, 왜 27년 전에 굳이 세무서 직원을 설득하면서까지 여태껏 갑근세를 자진납부 해오고 있는지, 예전에 사업할 때에도 왜 숨김없이 세금을 꼬박꼬박 성실하게 납부했었는지를 묻는 질문이었습니다. 저는 '세금은 더불어 살기 위한 첫 번째 나눔'이기 때문이라고 대답했습니다.

국민의 세금으로 도로·항만·철도·전기·통신·학교·병원·상수·하수 처리와 같은 국가 인프라가 구축되고, 교육·복지·치안·국방이 확립되면서 국민에게 그 혜택이 돌아가게 됩니다. 그러므로 성실한 세금 납부보다 더 확실한 나눔, 더 구체적인 이웃사랑은 없습니다. 그 기자가 제 대답을 자신의 칼럼을 통해 소개하자, 신문에서 그 칼럼을 읽은 어느 저명인사가 자신이 집필 중인 책에 제 말을 인용하고 싶다고 양해를 구하면서, '세금은 더불어 살기 위한 첫 번째 나눔'이라는 저의 세금론이 이타심에 기인한 것인지를 물어왔습니다. 저는 이

4) 백주년기념교회 부활주일 설교문 중(2015. 4. 15.)

타심이 아니라, 채무감의 발로라고 설명해 드렸습니다.

먼저는 구원받은 그리스도인으로 살게 해주신 주님에 대한 채무감이요, 다음으로는 저보다 먼저 이 땅을 거쳐 간 분들에 대한 채무감입니다. 그분들이 납부한 세금과 쏟아부은 수고와 노력으로 이 땅에 도로와 도시가 건설되었고, 저는 그 혜택 속에 무임승차하여 자랐습니다. 저는 태어나면서부터 저보다 앞서 이 땅을 거쳐 간 분들에게 빚을 진 채무자가 된 것입니다. 그러므로 제가 살아있는 동안 이 사회와 미래 세대를 위해 그 빚을 갚는 것은, 태어나면서부터 빚을 지고 태어난 채무자로서의 의무와 도리를 다하기 위함입니다.

우리가 당연시하며 누리고 있는 많은 것들은 사실 그저 주어진 것이 아니다. 헌법이 보장하는 자유민주주의는 이 땅을 먼저 거쳐 간 사람들이 피를 흘리며 쟁취한 유산이다. 한국전쟁 후 세상에서 가장 가난했던 나라가 반세기 만에 OECD 회원국이 될 수 있었던 것은 불철주야 땀 흘린 사람들의 노고 덕분이다. 그분들이 흘린 피땀으로 총칼의 위협과 굶주림의 걱정이 없는 정치적·경제적 토대가 마련되었다. 그래서 나는 혈세(血稅)라는 단어가 함부로 남발되지 않기를 바란다. 공동체의 유산을 일구는 과정에서 피를 흘리고 생명을 바친 사람들의 몫으로 아껴두기를 바란다.

이 목사님이 실천한 납세의식은 누제닉 회계로 이해할 수 있다. 이 땅을 먼저 거쳐 간 분들의 노고로 이룩한 국가의 인프라로 많은 혜택을 누리면서 살고 있다는 사실을 자각하면 심리적 자산 계정이 형성된다. 나아가 상호성의 규범이 작동하면 자신이 입은 혜택에 상응하여 공정한 몫을 자발적으로 부담하고자 하는 마음, 즉 심리적 부채 계정이 생겨난다. 납세는 과거 세대에 대한 마음의 빚을 미래 세대에게 갚는 행위이다.

심리적 부채의 상환은 자기초월적인 헌신과 그에 조응하는 상호성의 심리로서 납세의 의미를 창출한다. 세대 간 상호성에 바탕을 둔 부채의식은 공동체 의식을 강화하고, 시대를 초월하는 사회적 연대를 이끈다. 과거와 현재 그리고 미래 세대는 세금을 매개로 하여 영속되는 관계를 맺는다. 나는 로고테라피에 기초한 누제닉 회계가 물신이 지배하는 세상에서 인간의 존엄성을 회복하고 사회적 딜레마를 원만히 해결하는 열쇠가 되기를 희망한다.

삶의 무의미와 가치 상실은 실존적 공허라는 집단 신경증을 유발한다. 쾌락에 대한 지나친 집착과 자기중심성은 노이로제 환자들이 공유하고 있는 병리적 특질이다. 그리고 히스테리적인 성격의 주된 특성은 내면의 쌀쌀함이다. 사익 추구에 대한 강박과 계산적 합리성으로 살아가는 이콘은 현대적 신경증 환자들의 심리를 대변한다.

인간은 쾌락과 고통의 지배를 받는 노예에 불과하다는 공리주의의 자기 비하는 자존감을 파괴하고 타인에 대한 혐오를 증폭시킨다. 쾌락에 중독된 신경증 환자들이 영원히 채울 수 없는 욕망의 숙주가 되어 사회적 바이러스를 전파한다. 현대인은 물질적 풍요와 정서적 빈곤 사이에서 삶의 의미를 잃고 돈과 성공에 대한 강박에 시달린다.

사익만을 쫓으며 각자도생하는 사회, 나만 살아남으면 그만이라는 강박이 지배하는 적자생존의 정글에서 반칙과 부패는 너그럽게 정당화된다. 이콘에게 부패란 그저 '이기적 동물'이 취하는 '합리적 선택'일 뿐이다. 자신의 지위가 보장하는 혜택은 맘껏 누리면서 그에 상응하는 사회적 책임을 회피하는 것은 매우 이콘다운 행태이다.

인간의 내면에는 이기심과 이타심, 자기보존의 본능과 타인을 향한 헌신 등 서로 상충하는 욕망이 나름의 조화를 이루며 병존한다. 쾌락과 사익에 대한 열망이 인간 행동의 결정적 요인이라는 믿음은 신경증 환자들의 집단적인 도그마에 '불과하다.' 의미를 향한 의지가 좌절되었기에 쾌락에 대한 집착과 자기보존의 욕망이 득세하고 있을 뿐이다.

그동안 주류의 심리학은 다른 영역으로는 치환되기 어려운 시민생활 영역의 특수성을 다루는 데 소홀하였다. 세금 혐오와 반세금 정서는 집단 신경증이다. 의도적인 납세불응은 자기위주의 편향이 상식이 되어버린 사회의 질병이 조세제도라는 맥락에서 나타나는 증상이다. 따라서 우리에겐 납세에 대한 회의감과 상실감을 치유하는 심리치료가 필요하다.

조세순응에 대한 논의는 납세자에게만 준법정신을 요구하는 권위주의적 관점을 탈피하여, 조세주체들의 상호작용이 복잡하게 얽혀 있는 조세환경을 심층적으로 고려해야 한다. 신고납세제도에 기초한 세무행정은 상호 존중과 협력을 필수적으로 요구한다. 따라서 세무당국은 감시와 통제를 넘어 돌봄과 연대로서 세무행정의 패러다임을 전환하고 조세주체들 간의 지속적인 소통과 협력을 도모할 수 있는 거버넌스를 구축해야 한다.

조세순응은 그 자체가 목적이 아니라 조세 민주주의와 조세정의를 지향하는 시민교육의 부수적인 결과물이 되어야 한다. 납세의식은 특별한 형태의 사회적 연대이며, 납세의식을 제고하는 조세교육은 무형의 인프라를 구축하는 사회적 투자이다. 조세교육을 통해 시민의식이 고양된다면 공공의 제반 영역에서 신뢰와 협력의 수준을 높일 수 있다.

인간이란 주어진 운명에 맞서 자신의 태도를 자유롭게 결정할 수 있는 존재이다. 태도의 자유는 어떠한 환경에서도 위대한 인간적 성취를 가능하게 한다. 빅터 프랑클은 인간에게 모든 것을 빼앗아도 결코 박탈할 수 없는 것, 마지막에 남는 최후의 자유는 '피할 수 없는 운명에 맞서 인간다운 태도를 지킬 자유'라고 말했다.

세금과 죽음은 피할 수 없는 인간의 운명이다. 그러나 인간은 죽음과 세금에 대하여 자신의 태도를 결정할 자유가 있다. 민주사회의 자유시민은 세금이란 국가권력에 의한 합법적 수탈이라는 고정관념을 극복할 수 있다. 그 대신 납세란 사회적 연대와 시민의식을 실천하는 고귀한 행위라는 의미를 부여할 수 있다. 민주사회의 당당한 일원으로서 누려야 할 진정한 자유는 세금으로부터의 자유가 아니라 세금을 향한 자유다.

찾아보기

ㅅ

ㅊ

조세심리학

초판발행 2025년 7월 10일

지은이 강민조
펴낸이 안종만 · 안상준

편　집 전채린
기획/마케팅 최동인
표지디자인 BEN STORY
제　작 고철민 · 김원표

펴낸곳 (주) 박영사
서울특별시 금천구 가산디지털2로 53, 210호(가산동, 한라시그마밸리)
등록 1959. 3. 11. 제300-1959-1호(倫)
전　화 02)733-6771
f a x 02)736-4818
e-mail pys@pybook.co.kr
homepage www.pybook.co.kr
ISBN 979-11-303-2336-7 03320

정　가 19,000원